この取引で
B/S・P/Lはどう動く？

財務数値への影響がわかる
ケース100

公認会計士・税理士
佐和 周 [著]
Sawa Amane

中央経済社

はじめに

　本書は，企業の活動や外部環境の変化が財務数値に与える影響を100のケースにまとめたものです。

　著者は，経理部門の方々以外に，経営企画部門や事業部門の方々ともお話をする機会が多いのですが，最近はそのような方々の会計・税務に関する知識に驚くことがあります。それは，スキーム構築の際に財務数値への影響を説明される機会が多いからかもしれませんし，業績評価の視点で重視されている財務指標への影響を常に気にされているからかもしれません。

　また，役員（特に社外役員）の方々への説明に際しても，「こんなことまで聞かれるのか……」とびっくりすることもあります。もちろん，マニアックな会計処理だけではなく，「そのアクションをとると，ROEやROICといった指標にどういう影響が及ぶか？」というシンプルなご質問もあります。事前に資料が準備できていればよいのですが，そうでなければ，その場で「えー，税引前の利益への影響は…，税金への影響は…，したがって，税引後の利益（最終利益または営業利益）への影響は…，一方で資産がこう動いて，有利子負債で調達するので…，結果としてROEやROICはこんな感じで…」と冷や汗をかきながら説明することもたびたびです。

　企業内部の視点では，自部門の業績評価は重要な判断基準であり，また役員に対する説明も非常に重要なイベントです。ただし，財務数値の動きを説明すべき相手はもちろん社外にもいます。すなわち，企業内部ほど頻度は高くないにしても，投資家やアナリストにも同じように財務数値の動きやその背景に関する説明を求められるということです。

　そういう企業の方々の状況をいつも横で見ながら，そして，たまに巻き込まれて当事者（≒被害者）になり，そういう個人的な経験を経て出来上がったのが本書です。

　本書は企業の活動や外部環境の変化が財務数値に与える影響をケースで解説しており，特に「こうやったら，だいたいこんな感じになりそう」という大枠

をつかんで頂くことを一番の目的としています。したがって，多少厳密さや正確性は犠牲にしつつも，できるだけシンプルな事例で財務数値への影響を説明することを心がけました。もちろん，実際には財務数値にもっと複雑な影響が及ぶ場合もあり，監査法人などに詳細を確認せざるをえない局面もあると思われます。しかしながら，その場合でも事前に「だいたい」の感じを押さえておくと，スムーズに進むのではないでしょうか。

「財務数値への影響をざっくり把握しなければならない（説明しなければならない）」立場にある経理部門の方々はもちろんですが，経営企画部門や事業部門の方々を含め，企業の意思決定に携わっておられる方々にも，本書を手に取って読んでみて頂ければと思っています。

最後になりましたが，企画時から担当してくださった中央経済社の末永芳奈氏，貴重なコメント及び厳しいご指摘を頂いた塚本健氏，小野口慶昭氏，松本知之氏に改めて厚く御礼申し上げます。

2020年1月

佐 和 　 周

［目　　次］

Ⅲ ケース：財務数値の動き方（個別財務諸表）

1 販売・債権管理 ……………………………………………… 17

2 購買・製造 ……………………………………………………… 33

3 人事・給与 ……………………………………………………… 50

Ⅳ ケース：財務数値の動き方（連結財務諸表）

Ⅰ　財務数値への影響を考える際に重要な視点

　企業が意思決定または実際の活動を行う場合，さらには外部環境が変化する場合，利益に代表される企業の財務数値はその影響を受けることが多くあります。したがって，何らかのアクションをとる場合，また何らかの事象が発生する場合には，財務数値への影響をできる限り事前に予測しておくことが重要になります。

　企業の意思決定の例として，子会社の吸収合併を検討している状況を考えてみます。この場合，グループ内の取引ということで，直感的に連結財務諸表には影響がなさそうです。しかしながら，個別財務諸表上では基本的に損益（抱合せ株式消滅差損益）が発生します。重要なのは，子会社の合併を主導する経営企画部門や事業部門などが，この点を事前に知っておくことです。その損益の決定要因（例えば，親会社における子会社株式の帳簿価額と子会社純資産の差額）まで押さえておければ理想的ですが，そのあたりは経理部門に確認すれば十分でしょう。

　また，外部環境の変化の例として，為替レートの変動を考えてみます。例えば，為替レートが1円円高に振れると，外貨建債権からは為替差損が発生し，外貨建ての輸出売上の円換算額が目減りするだけでなく，海外子会社の財務諸表も変化する（例えば，為替換算調整勘定は含み損方向に動く）など，財務数値は様々な影響を受けます。したがって，このような場合，経理部門や財務部門は，まずは全体として損益にどのような影響が及ぶかを考える必要があります。そのうえで，外部環境による影響の度合いを低減することにも注力する必要があり，例えば，為替リスクのヘッジなどが検討対象になるでしょう。

　もちろん，実際には財務数値への影響がもっと複雑な場合もあり，外部の専門家に詳細を確認せざるをえない場合もあると思われます。しかしながら，そのような場合であっても，確認の前段階で，「だいたいこんな感じになりそう」という大枠をつかんでおくことは重要です。

　本書は，このような観点から，企業の活動や外部環境の変化が企業の財務数値に与える影響をシンプルにまとめています。

1．利益への影響

(1)　最終損益への影響

　企業の活動または外部環境の変化が財務数値に与える影響を考える場合，まずは最終損益（当期純損益）に影響があるかどうかを考える必要があります。企業が何らかの意思決定を行う際には，事前に「利益影響があるか？」という問いに答えられる必要がありますが，この「利益影響」も多くの場合，「最終損益への影響」を意味します。

　これは，最終損益がすべての企業の活動または外部環境の変化の影響を反映するものであり，最も重要な損益と考えられるためです。実際に，1株当たり当期純利益（EPS：Earnings Per Share）など，最終損益を基礎とする財務指標も多くあります。

(2)　段階損益（営業損益）への影響

　企業の活動または外部環境の変化が最終損益にインパクトを与えるのであれば，次に考えるべきは，「（売上総損益に始まる）どの段階の損益から影響を受けるのか」ということです。

　各段階損益の内容は図表Ⅰのとおりですが，段階損益のうちで特に重要なのは，本業の収益力を示す「営業損益」と考えられます。また，「営業損益＋減価償却費」に近似するEBITDA（Earnings Before Interest, Taxes, Depreciation and Amortisation：利息・税金・減価償却費等控除前利益）なども重視される指標です。このような営業損益の水準は対外的にも重要ですが，対内的にも重視されるケースがあります。例えば，企業の内部において，事業部門の評価が営業損益やEBITDAを基礎にしているケースがこれに該当します。

　以上のような観点から，企業の活動（の意思決定）または外部環境の変化が損益に与えるインパクトが，営業損益の上なのか下なのかを見極めることも重要になります。

【図表Ⅰ】各段階損益の内容

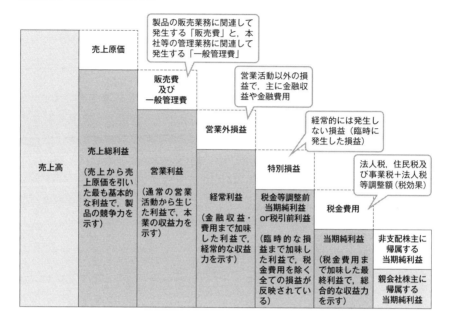

(3)　税金費用への影響

　　最終損益は税引後の損益であるため,「最終損益への影響を考えること」には「税金費用への影響を考えること」も含まれます。この過程で難しいのは,会計上の利益と税務上の(課税)所得は異なるものであるという点です。つまり,会計上の利益ではなく税務上の所得を基礎とする税金費用だけは,別途抜き出して試算し,(税引後)利益への影響を検討せざるをえないということです。

　　例えば,有価証券の売却損(後述の**基本ケース⑥**参照)については,その計上に伴って税務上の課税所得が減少するため,法人税等も減少します。つまり,最終損益へのマイナス影響が一部緩和されるということです。一方で,有価証券の減損処理(**ケース40**参照)については,特に非上場株式などの場合には,いわゆる有税処理(**ケース64**参照)となる可能性があり,必ずしも法人税等は減少しません。

　　したがって,最終損益へのインパクトを考えるにあたっては,まず税引前損

益に及ぶ影響を考え，次に税金費用に及ぶ影響を考えるという手順を踏む必要があります。これには，税効果の検討も含まれます。

2. 財務比率への影響

企業の活動または外部環境の変化が財務数値に与える影響を考える場合，「それが重要な財務比率に影響を与えるかどうか」という視点も必要になります。例えば，ROEや負債比率といった指標は，多くの企業で重視されていると考えられますが，このような財務比率への影響を考える場合には，利益への影響のみならず，資産や負債に対する影響も考える必要があります。

財務比率には様々なものがありますが，特に収益性と安全性を示す指標が重要と考えられるため，以下で簡単に見ていきます。

(1) 収益性を示す財務比率への影響

収益性を示す財務比率には，大きく①「フロー数値」対「フロー数値」で収益性を見るものと②「ストック数値」対「フロー数値」で収益性を見るものがあります。

① 売上高利益率（「フロー数値」対「フロー数値」）

収益性を示す財務比率のうち，「フロー数値」対「フロー数値」で計算されるものとしては，「売上高」対「利益」が典型であり，分子に売上総利益から当期純利益までの各段階損益を用いた売上高利益率がこれに該当します。例えば，以下のような財務比率はよく使われます。

$$売上高総利益率（\%） = \frac{売上総利益}{売上高}$$

$$売上高営業利益率（\%） = \frac{営業利益}{売上高}$$

このうち，売上高総利益率は，企業の最も基礎的な収益力を示します。「売上高 − 売上原価 = 売上総利益」という関係から，売上高総利益率は，売上原価率（= 売上原価 ÷ 売上高）の裏返しであるため，企業の製造効率と販売効率（の一部）を示すともいえます。すなわち，製造サイドでコストダウンを実現

し，販売サイドで売値を維持できれば，売上高総利益率は改善します。

　また，売上高営業利益率は，売上高総利益率に販管費（率）の要素を加味したものなので，製造・販売を含めた営業上の活動の総合的な収益力を示します。その意味で，絶対額である「営業損益」と同様，本業の収益力を示すものといえ，売上高利益率の中でも最も重視すべき指標と考えられます。

　売上高営業利益率を分析する場合には，売上原価率（＝売上原価÷売上高）と販管費率（＝販管費÷売上高）をそれぞれ計算し，製造原価や販売費の内訳ごとの増減要因を確認していくのが一般的です。一般に売上原価率や販管費率に影響する要因は，日々の事業活動にあります。しかしながら，それ以外でも，収益性の低下した棚卸資産の帳簿価額を切り下げる場合（**ケース12参照**），その切下げ額は基本的に売上原価として処理されるため，期末の一時の処理が売上原価率（ひいては売上高営業利益率）に影響する場合もあります。

②　資本利益率（「ストック数値」対「フロー数値」）

　収益性を示す財務比率のうち，「ストック数値」対「フロー数値」で計算されるものとしては，「資本」対「利益」が典型です。端的には投下資本とそれに対応する利益の関係を示す資本利益率ですが，例えば，以下のROAやROEといった財務比率はよく使われます。

ROA：総資本利益率（％）

$$= \frac{\text{事業利益（＝営業利益＋受取利息・配当金）}}{\text{総資本}} \text{または} \frac{\text{経常利益}}{\text{総資本}}$$

ROE：自己資本利益率（％）$= \frac{\text{当期純利益}}{\text{自己資本}}$

　ROA（Return On Asset）は総資本利益率を意味し，事業全体の収益性を示します。分母には「総資本」（負債と純資産の合計で，金額としては総資産に一致）を用いますが，分子には「事業利益」を用いる場合と「経常利益」を用いる場合があります。分母子の対応を厳密に考えるのであれば，事業利益のほうが理論的ですが，経常利益のほうが計算が容易という利点があります。

　一方，ROE（Return On Equity）は自己資本利益率を意味し，株主にとっての収益性を示します。分母の「自己資本」（連結財務諸表）としては，純資

産から非支配株主持分と新株予約権を除いた金額を用いるケースが多いと考えられます。そのため，分子の「当期純利益」についても，分母との対応から，親会社（株主）に帰属する当期純利益を用います。

　ROEは多くの投資家が注目する重要な指標ですが，ROEの分子は当期純利益であるため，税金費用の水準もROEに影響します。税金費用には，キャッシュ・アウトを伴うもの（法人税，住民税及び事業税）のほか，税効果（法人税等調整額）も含まれます。したがって，「将来見通しの変化が繰延税金資産の回収可能性に影響し，現時点の税金費用が影響を受ける」といったことも起こり（ケース68参照），その場合，ROEの水準も影響を受けます。いずれにせよ，すべての損益影響は当期純利益に集約されるため，ROEの増減要因は基本的に全ての企業活動と外部環境の変化という言い方もできます。

　なお，上記の他，「税引後営業利益÷投下資本」で計算される投下資本利益率（ROIC：Return On Invested Capital）もよく見かける資本利益率の1つです。

③　資本回転率

　最後に，①売上高利益率と②資本利益率の関係に少しだけ触れておきます。単純な式の変形ですが，②資本利益率は以下のように分解できます。

> ②資本利益率＝ ①売上高利益率 × 資本回転率
>
> 分数で書くと… $\dfrac{利益}{資本} = \dfrac{利益}{売上高} \times \dfrac{売上高}{資本}$

　上式のとおり，資本回転率は「売上高÷資本」で計算され，端的には資本1単位当たりの売上高を示します。言い換えると，「売上高を稼ぐために資本が何回転しているか」という意味合いであり，資本の有効活用の度合い（資本効率）を示すものといえます。資本回転率が高ければ，少ない資本で大きな売上高を計上しているということで，資本効率が高いと評価されます。

　つまり，ROAやROEといった資本利益率を改善するためには，売上高利益率の改善のみならず，資本回転率の改善も検討の対象になるということです。

　例えば，製造活動を内製から外注に切り替え，固定資産の残高を削減すれば（ケース35参照），資本回転率は上がりますし，売掛金や在庫の残高を圧縮して

も資本回転率は上がります（**ケース3**及び**ケース11**参照）。そのため，直接的には利益に影響のない活動であっても，資本効率の改善を通じてROAやROEに影響が及ぶ可能性がある点は，理解しておく必要があります。

(2)　安全性を示す財務比率への影響

収益性を示す財務比率と並んで重視されるのが，安全性を示す財務比率です。ここでいう安全性とは，一般に企業の債務の返済能力を意味します。

安全性を示す財務比率は，主に企業の財務構造からそれを分析するもので，多くの場合，期末の一時点におけるストック数値（貸借対照表の数値）を基礎として計算されます。具体的には，流動比率（＝流動資産÷流動負債）や固定比率（＝固定資産÷自己資本）などもありますが，ここでは特に重要と考えられるものとして，自己資本比率と負債比率（算式は以下）を見ていきます。

$$自己資本比率（\%）= \frac{自己資本}{総資本}$$

$$負債比率（\%／倍）= \frac{負債}{自己資本}$$

自己資本は，基本的に返済の必要がない安定的な資本です。そのため，自己資本比率（負債を含む総資本に占める自己資本の割合）が高いほど，長期的に見て財務の安全性が高いと判断できます。

逆に負債比率（D/Eレシオ）は，自己資本に対する負債の倍率であるため，負債比率が低いほど，財務的に安定していると評価できます。なお，負債比率といった場合，分子には有利子負債（またはそこから手許資金を差し引いた純有利子負債）を用いることもあります。

このように自己資本比率と負債比率は，算式は異なるものの，基本的に同じ視点で企業の安全性を判断する比率といえます。

企業の資金調達には，銀行借入や社債発行といったデット・ファイナンスと，株式発行に代表されるエクイティ・ファイナンスがありますが（**基本ケース⑦**及び**⑧**参照），どちらを採用するかは常にこれらの比率への影響を見ながら検討されます。同じく，自己株式を取得したり（**ケース61**参照），有利子負債を削減したりする場合（**ケース57**参照）も同様です。

その他，安全性を示す財務比率には，フロー数値を用いるものもあり，以下のインタレスト・カバレッジ・レシオがこれに該当します。

インタレスト・カバレッジ・レシオ（倍）

$$= \frac{事業利益（＝営業利益＋受取利息・配当金）}{支払利息}$$

インタレスト・カバレッジ・レシオは，分母が「支払利息」で，分子が利払いの原資となる「事業利益」であるため，支払利息をカバーするのに十分な事業利益が獲得できているかを判断する財務比率といえます。

安全性の分析にあたっては，フロー数値としての支払利息は重要ですが，資金調達費用には，必ずしも「支払利息」としてカウントされないものもあります。例えば，手形割引の形で資金調達する場合，資金調達コストは「手形売却損」として損益計算書に表れるので（**ケース4**参照），注意が必要です。

3.「影響」を把握する際の視点

(1) 個別財務諸表への影響と連結財務諸表への影響

一般に「財務数値」という場合，それは「連結財務諸表上の財務数値」を意味するため，財務数値への影響を考えるうえでも，連結財務諸表上の財務数値（最終損益）への影響が重要になります。

まず，連結財務諸表上の当期純損益への影響についていうと，個別財務諸表上の当期純損益への影響と同じになるケースも多いですが，異なるケースもあります。

具体的な相違点としては，まず，子会社からの配当や利息の回収のように，親会社の個別財務諸表上は損益影響があるものの，連結財務諸表上は（税金費用などの影響を除いて）ほとんど損益影響がないものがあります（**ケース84及び85**参照）。

一方で，親会社の個別財務諸表上は損益影響がないものの，連結財務諸表は損益影響がある項目もあり，これは「のれん」の償却が典型です。すなわち，「のれん」（相当額）については，親会社の個別財務諸表上は子会社株式の帳簿

価額に含まれ，費用としては処理されません。一方，連結財務諸表上は「のれん」として規則的に償却され，営業損益段階からインパクトを及ぼします（**ケース83**参照）。同様に，買収を行う際の「取得関連費用」も親会社の個別財務諸表上は子会社株式の帳簿価額に含まれますが，連結財務諸表上は費用処理されます（**ケース77**参照）。

このように，財務数値へのインパクトを考えるにあたっては，常に連単差も意識しておく必要があります。もちろん重要なのは連結財務諸表上の損益ですが，個別財務諸表上の損益も税金費用（課税所得）や分配可能額（利益剰余金）とリンクするため，単体損益への影響も無視はできません。

(2)　直接的な影響と間接的な影響

財務数値への影響を考える場合，直接的な影響のみならず，間接的な影響にも目を配っておく必要があります。

1つの例として，株式市場における株価水準（日経平均株価やTOPIX）が大きく変動するケースの影響を考えてみます。この場合の直接的な影響として，まずは企業が保有する投資有価証券の時価変動により，その他有価証券評価差額金が影響を受け，さらに減損処理が必要になる場合（時価が著しく下落する場合）には損益にも影響があります（**ケース39及び40**参照）。

ただし，影響はそれだけにとどまらず，退職給付制度の年金資産に株式が組み入れられていれば，年金資産の時価変動が退職給付に係る負債（退職給付引当金）や退職給付費用の増減として表れてくる可能性もあります（**ケース19**参照）。

また，子会社が保有する投資有価証券が受ける影響も，連結財務諸表上は親会社のそれと同じように表れます。さらにいえば，子会社が保有する投資有価証券の時価下落により，子会社の財政状態が悪化すれば，親会社の個別財務諸表上で子会社株式の減損処理を行わざるをえないケースも考えられます。この場合，連結財務諸表上も追加の損失処理が必要になる可能性があります（**ケース86**参照）。

このように，財務数値への影響には，予測しやすい直接的な影響と予測しづらい間接的な影響があります。財務数値への影響を考えるにあたっては，間接的な影響も含めて，できるだけ包括的に捉えておくことが重要になります。

⑶ 現在の財務数値への影響と将来の財務数値への影響

少し視点が変わりますが，財務数値への影響を考える場合，現在の財務数値への影響と将来の財務数値への影響を分けて考える必要があります。

再度，連結財務諸表上の「のれん」を例に取ると，買収を行うことで，連結財務諸表上には「のれん」が計上されます。これが買収による「現在」の影響です。「負ののれん」が計上される場合を除き，「のれん」の計上自体には，基本的に損益影響はありません（**ケース74**参照）。

しかしながら，買収という企業の行動が財務数値に与える影響を考えるうえでは，その情報だけでは不十分で，「のれん」が一定期間で償却され，その期間の（連結ベースの）営業損益を圧迫するという「将来」の影響をイメージしておかなければなりません。この点は，「のれん」の減損リスクについても同様です。

さらにいえば，「のれん」の償却が終わるタイミングでは，償却費の負担がなくなることで，その前年度と比べると，営業損益が相対的に改善するはずです。このあたりも，将来の損益を考えるうえでは，押さえておかなければならないポイントといえます。

このように，企業が意思決定を行う場合には，現在の財務数値への影響のみならず，できるだけ先々までを見越して，財務数値への影響を考える必要があります。

4．外部関係者への説明

ここまでは実際に活動を行ったり，外部環境変化の影響を受けたりする企業内部の視点でしたが，企業の財務数値を見ているのは，もちろん企業内部の人間だけではありません。外部の投資家，またアナリスト（証券アナリスト）や格付機関なども企業の財務数値を注視しています。

⑴ **外部関係者**

証券アナリストは，投資家に対して，企業の財務数値に関する分析をレポートの形で提供します。しかしながら，証券アナリストは企業の財務数値だけを見ているわけではありません。全般的な景気動向や企業の属する業界の動向な

ど，会社を取り巻く外部環境を把握したうえで，いわゆるIRミーティング（企業の決算説明会など）や工場見学会に参加するとともに，企業のマネジメントにもインタビューを行うなど，定性的な情報も収集しています。つまり，証券アナリストは，企業の財務数値を分析し，その数値の裏側にある定性的な情報（非財務情報）をもとに，財務数値を「解釈」しているということです。

　また，その実績をもとに将来予想を行い，財務モデル化に基づく投資価値評価，及び実際の株価との比較などの分析も行います。つまり，証券アナリストにとっては，当然ながら現在の財務数値だけでなく，将来の財務数値も重要になるということです。

　次に，格付機関についていうと，格付（発行体格付）自体は，端的には企業がデフォルトするリスクを評価するものであるため，格付機関の視点は，証券アナリストの視点とは異なるものです。すなわち，格付では債務返済能力が重視されるため，特に安全性を示す指標が重視されます。ただし，格付で見ているのは長期的な債務の返済能力であるため，「収益で返済する能力」という観点から，収益性を示す指標も同様に重視されます。その意味では，事業会社に対する格付を前提とすれば，企業の事業環境を基礎として，安全性や収益性に係る財務分析を行うという点において，証券アナリストの分析と共通している部分も多いと考えられます。

(2)　財務数値の動きは外部関係者にどう映るか

　以上からわかるのは，企業としては，自らの活動または外部環境の変化が利益や財務比率に与える影響を考えるだけではなく，それが投資家やその他外部関係者（証券アナリストや格付機関など）の目にどのように映るかも考えておく必要があるということです。

　逆にいうと，財務数値が動いた場合，企業は外部関係者に対して，その裏側（数字が動いた背景）を説明する必要があります。財務数値が動いた背景は企業が一番よく理解しているはずなので，あとはその情報をうまく組み合わせて，納得できる説明ができるかどうかがポイントになります。近年は，統合報告書などにより，財務情報と組み合わせて非財務情報を開示する企業も増えているため，非財務情報と財務情報のリンクはより重視される傾向にあります。

　財務数値の動きの「背景」を説明するケースとして，有利子負債の増減を例に考えてみます。

　前提として，外部関係者は企業の有利子負債の水準に注目しているため，決算説明などでも，その増減に触れることが多いと思われます。

　例えば，有利子負債の削減を達成したタイミングでは，「財務内容の健全化を推し進めた結果」等の背景を説明することが多いと思われます。逆に有利子負債残高が増えている場合には，「全体的な収益の安定性が増したので，…への新規投資の一部を有利子負債で調達し，レバレッジをかけた」といったポジティブな説明が可能かどうか，よく考えてみる必要があります。

　有利子負債の例に限らず，財務数値の動きの「背景」の情報開示がうまくいけば，企業としても資本コストの低減という形でメリットを得られると考えられます。

Ⅱ ケース：基本的な構成

1．基本的な構成

　ここからは，企業の活動や外部環境の変化が財務数値に与える影響をケースごとに具体的に見ていきます。

　まずⅢにおいて，個別財務諸表上の財務数値の動き方を確認します。Ⅲでは，分野ごとの基礎となるケースを「**基本ケース（①〜⑨）**」としているので，この知識を前提にそれぞれの分野のケースをご覧頂ければと思います。また，続くⅣにおいては，連結子会社がある場合の財務数値の動き方を確認します。つまり，個別財務諸表のみならず，連結財務諸表の視点も加えるということです。

　それぞれについて，ケースの基本的な構成は以下のとおりです。

項　目	内　容
1．概要	企業の活動などが財務数値に与える影響の概要を解説します。
2．仕訳イメージ	財務数値への影響を簡単な仕訳で確認します。なお，原則として税金（消費税等や源泉所得税を含む）や税効果への影響は無視しています。
3．損益計算書上の見え方	仕訳イメージを前提に，企業の活動などによる影響が，（連結）損益計算書上でどのように見えるかを確認します。
4．貸借対照表上の見え方	同じく，仕訳イメージを前提に，企業の活動などによる影響が，（連結）貸借対照表上でどのように見えるかを確認します。
5．将来の財務数値への影響	企業の活動などが将来の財務数値に与える影響を解説します。

　なお，本書では，国際財務報告基準（IFRS）ではなく，日本の会計基準をもとに解説しています。

2．損益計算書上の見え方と包括利益計算書上の見え方

　上記のうち「3．損益計算書上の見え方」については，連結財務諸表上は「（連結）包括利益計算書上の見え方」も考えておく必要があります。すなわち，連結財務諸表においては，損益計算書に加えて，包括利益を表示する「包括利益計算書」（または「損益及び包括利益計算書」）もあります。

　ここで，「包括利益」とは，ある企業の特定期間の財務諸表において認識された「純資産の変動額」のうち，「株主などとの直接的な取引（いわゆる資本取引）によらない部分」をいいます。したがって，純資産を変動させる当期純利益は，当然ながら包括利益に含まれますが，以下のとおり，包括利益の構成要素としては，もう1つ「その他の包括利益」があります。

```
包括利益 ＝ 当期純利益 ＋ その他の包括利益
```

　禅問答のようですが，「その他の包括利益」（OCI：Other Comprehensive Income）とは，包括利益のうち当期純利益に含まれない部分をいい，主な内訳項目として，以下があります。

```
● その他有価証券評価差額金
● 繰延ヘッジ損益
● 為替換算調整勘定
● 退職給付に係る調整額
```

　必ずしも正確ではないですが，その他の包括利益は，含み損益の増減のようなものです。したがって，その他の包括利益の累計（残高）が含み損益自体ということになりますが，この部分は「その他の包括利益累計額」^{（注）}として，貸借対照表の純資産の部に表示されます。

　　（注）個別財務諸表上は，その他の包括利益（及び包括利益）の表示はなく，純資産の
　　　　部の「その他の包括利益累計額」に相当するものとして，「評価・換算差額等」があ
　　　　ります。したがって，概念としては，この評価・換算差額等の増減が，連結財務諸表
　　　　上のその他の包括利益に対応することになります。

　包括利益計算書においては，当期純利益に上記のような「その他の包括利

益」の内訳項目を加減する形で包括利益が表示されます。

　なお，その他有価証券評価差額金を計上していたその他有価証券（**ケース39**参照）を売却し，売却損益が計上される場合などを考えると，この売却損益は当期純利益を構成しますが，（含み損益の状態で）過去においてその他の包括利益に含まれていた部分も含まれているはずです。この部分は，いわば包括利益内の移動（その他の包括利益→当期純利益）であり，「組替調整額」と呼ばれます。その意味で，組替調整額部分は，当期純利益に影響を与えるものの，包括利益全体には影響を与えないものと整理できます。

　以上をまとめると，図表Ⅱのとおりです。

【図表Ⅱ】包括利益とその他の包括利益のイメージ

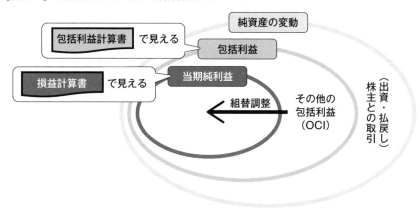

　本書では，連結包括利益計算書に影響がある項目については，「3．損益計算書上の見え方」で簡単に触れることとします。

3．本書で扱っていない財務情報

　本書で解説していない財務情報のうち，特に重要なものとして，キャッシュ・フロー計算書とセグメント情報があります。

⑴　キャッシュ・フロー計算書

　企業評価におけるキャッシュ・フローの重要性は言うまでもないですが，

キャッシュ・フロー計算書は，1会計期間におけるキャッシュ・フローを「営業活動によるキャッシュ・フロー」（営業CF），「投資活動によるキャッシュ・フロー」（投資CF）及び「財務活動によるキャッシュ・フロー」（財務CF）の3つの区分に分けて表示するものです。

キャッシュ・フロー計算書においては，特に上記3区分それぞれの合計金額が重要になります。つまり，「営業CF・投資CF・財務CFはそれぞれどのくらいの水準か？」という視点です。また，「営業CF＋投資CF＝フリー・キャッシュ・フロー」と考えることもあり，投資家も注目しています。

本書で扱う財務数値への影響については，損益への影響までにとどまっていますが，実際にはキャッシュ・フローへの影響を考えておくことも重要です。その場合の考え方としては，まず，「企業の活動などがキャッシュ・フローに影響を与えるかどうか」を考え，「影響を与えるのであれば，上記3区分のどれに影響を与えるのか」を考えることになります。

もちろん，設備投資など，損益への影響はなくても，キャッシュ・フロー（投資CF）に影響する項目もあります。そのため，キャッシュ・フローを貸借対照表の動きと関連付けて捉えることも必要になる場合があります。

(2) セグメント情報

セグメント情報は，事業セグメントごとの財務情報を提供するもので，投資家も重視している情報です。セグメント情報においては，報告対象となるセグメント（「報告セグメント」）ごとの損益や一定の資産及び負債などが開示されます。損益の開示にあたっては，各報告セグメントの外部顧客への売上高，減価償却費，「のれん」の償却額といった重要な情報も開示されます。また，固定資産の減損損失（**ケース33**参照）を計上している場合には，その報告セグメント別の内訳も開示する必要があります。

その意味で，本書で扱う財務数値への影響については，企業全体を単位とする影響ではなく，報告セグメントごとに考える視点が必要になる場合があります。投資家が特定のセグメントに関心を持っているケースなどがこれに該当します。

Ⅲ ケース：財務数値の動き方（個別財務諸表）

1 販売・債権管理

基本ケース① 売上を計上し，販売代金を受領する

1．概　要

　企業はその基本的な活動として，製品などを販売して売上を計上し，販売代金を受領します。

　この活動自体はシンプルなのですが，売上の計上，つまり収益の認識については，「いつ収益を認識するか」というタイミングの問題があります。この点，「収益認識に関する会計基準」（2021年4月1日以後開始事業年度から強制適用。以下「収益認識会計基準」）という基準があり，単純にいうと，同基準上，収益は履行義務（財やサービスの顧客への提供義務）の充足に応じて認識することとされています。

　もう少し具体的にいうと，同基準では，製品など（資産）に対する支配が顧客に移転したタイミングで収益を認識することとされています（一時点で充足される履行義務の場合）。したがって，厳密には契約ごとに，製品に対する支配が買手に移転するタイミングを確認していく必要があり，顧客による検収のほか，法的所有権や物理的占有の移転，所有に伴う重大なリスクの負担や経済価値の享受の関係などを考慮のうえ，個別判断することになります。

　上記のように細かい規定はあるものの，国内における製品の売上であれば，多くの企業が出荷時点で売上を計上しており，通常の取引であれば，収益認識会計基準の適用後も，この実務は認められます。

　しかしながら，棚卸資産取引とは異なるタイプの取引や，海外取引を含めた複雑な取引については，収益認識（売上計上）タイミングの詳細な検討が必要になります。一例として，知的財産のライセンスによる売上について，**ケース**

1をご参照ください。

2．仕訳イメージ

　ここでは，販売取引について，(1)販売代金後払いの場合と(2)販売代金前払いの場合，それぞれの仕訳イメージを確認します。

(1)　販売代金後払いの場合

　売上300（対応する売上原価200）を計上し，その後売掛金を回収する場合の仕訳イメージは以下のとおりです。

```
【売上の計上】
  (借) 売   掛   金    300   (貸) 売   上   高    300
  (借) 売 上 原 価    200   (貸) 棚 卸 資 産    200
【売掛金の回収】
  (借) 現 金 及 び 預 金    300   (貸) 売   掛   金    300
```

(2)　販売代金前払いの場合

　事前に代金300を前受金として受領し，その後売上300（対応する売上原価200）を計上する場合の仕訳イメージは以下のとおりです。

```
【前受金の受領】
  (借) 現 金 及 び 預 金    300   (貸) 契 約 負 債    300
                                    ( 前 受 金 )
【売上の計上】
  (借) 契 約 負 債    300   (貸) 売   上   高    300
      ( 前 受 金 )
  (借) 売 上 原 価    200   (貸) 棚 卸 資 産    200
```

3．損益計算書上の見え方

【売上計上前】		【売上計上後】	
売上高	0	売上高	300
売上原価	0	売上原価	200
売上総利益	0	売上総利益	100

| 販売費及び一般管理費 | 0 | 販売費及び一般管理費 | 0 |
| 営業利益 | 0 | 営業利益 | 100 |

　販売代金の受領タイミングにかかわらず，売上計上のタイミングは同じになります。つまり，販売代金の受領が(1)売上後であっても，(2)売上前であっても，基本的に損益計算書は影響を受けません。言い換えると，前受金の受領も売掛金の回収も損益計算書に影響を与えないということです。

　売上の計上により，売上総損益段階からすべての段階損益が影響を受けることになり，当然ながら売上原価率や売上総利益率などの財務比率にも影響があります。

　なお，上記の損益計算書は売上総利益（粗利）が計上されている例ですが，原価割れでの販売など，売上総損失が計上される場合もあります。

4．貸借対照表上の見え方

(1)　販売代金後払いの場合

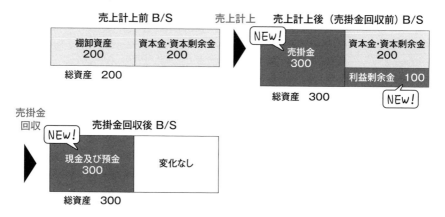

　(1)販売代金後払いの場合，貸借対照表上，売上は棚卸資産と売掛金等との交換であり，売掛金等が棚卸資産を超える部分が売上総利益となります（上図では売掛金300と棚卸資産200の差額）。売掛金は数か月後に入金されるので，貸借対照表で見ると，棚卸資産は（売掛金を経由して）最終的にキャッシュに変わることになります。

(2) 販売代金前払いの場合

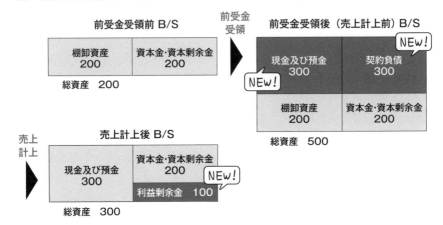

　(2)販売代金前払いの場合でも，最終的な貸借対照表の形は，(1)販売代金後払いの場合と同じになっています。しかしながら，貸借対照表の変化の過程は異なり，前受金を受領することで，短期的にキャッシュに余裕が生まれていることが確認できます。

ケース1	知的財産を他の企業にライセンスする

例えば：特許や商標を他の企業にライセンスし，ロイヤルティを受け取る

1．概　要

　企業が特許や商標などの知的財産を他の企業にライセンスし，ロイヤルティ（ライセンス・フィー）を受け取るケースがあります。このような知的財産のライセンス契約等については，従来の実務では統一的な処理基準はありませんでしたが，収益認識会計基準において，収益認識の基本的な考え方が示されています。

　具体的には，知的財産のライセンス契約を(1)アクセス権と(2)使用権に分類し，それぞれ以下のように収益を認識することとしています[注]。

(1)　アクセス権：
　　ライセンス期間にわたり存在する企業の知的財産にアクセスする権利
　　➡　一定の期間にわたり充足される履行義務として，一定の期間にわたり収益を認識する
(2)　使用権：
　　ライセンスが供与される時点で存在する企業の知的財産を使用する権利
　　➡　一時点で充足される履行義務として，一時点（顧客がライセンスを使用して便益を享受できるようになった時点）で収益を認識する

（注）これは，ライセンスの供与が独立した履行義務であることが前提であり，仮に他の財やサービスの提供とセットになっていれば，その財またはサービスの収益認識と合わせることになります。

　実際には，知的財産のライセンスがアクセス権か使用権かの判断は複雑なものです。ただし，受取ロイヤルティが売上高や使用量に基づいているケースでは，従来どおり，その期間に対応する受取ロイヤルティが収益として認識されることが多いと考えられます。

　注意が必要なのは，(2)使用権を付与する場合，一時点（例えば，ライセンスの付与時点）で収益が認識され，損益計算書への影響が大きくなる可能性がある点です。例えば，確立済みの知的財産としてのソフトウェアをライセンスする場合，それが(2)使用権と判断されれば，ライセンス開始日などの一時点で収益を認識することが求められます。

2．仕訳イメージ

　自社の保有する知的財産を他社にライセンスし，契約期間3年に対応するロイヤルティ300を一時金として受領する場合で，そのライセンスが(1)アクセス権と判定された場合の仕訳イメージ（1年目）は以下のとおりです。

| （借）現金及び預金 | 300 | （貸）売　上　高 | 100 |
| | | 契　約　負　債 | 200 |

（注）2年目，3年目は契約負債の取崩しにより売上が計上されます。

　上記は収益を認識するタイミングのみの問題であり，収益の認識（売上の計上）による財務数値への影響については，**基本ケース①**と同様であるため，解説は省略します。

ケース2	ポイント制度を導入する

例えば：ポイント制度を導入し，商品の販売に付随して顧客にポイントを付与する

1．概　要

　顧客の囲い込みや顧客データの収集のために，ポイント制度を導入している企業があります。この場合，商品の販売やサービスの提供に付随して顧客に付与されるポイントについては，将来において，そのポイントと交換に商品やサービスを無償または値引提供する形で，企業に一定の負担が見込まれます。そのため，従来は，将来のポイント交換による負担額を引当金（ポイント引当金など）として見積計上することが多かったと思われます。

　一方，収益認識会計基準の導入後は，ポイント部分を1つの履行義務として識別します。単純にいうと，ポイント部分が区分され，その部分の収益の計上が繰り延べられるということです。

　より詳細には，全体の取引価格（販売価格）を①商品の販売部分と②ポイント部分のそれぞれの独立販売価格の比に基づいて配分し，それぞれの履行義務を充足した時点で収益を認識することになります。①商品の販売部分については，当然ながら販売時点ですが，②ポイント部分については，それよりも将来の時点（実際にポイントが利用された時点またはポイントが消滅した時点）で収益を認識します。

　つまり，顧客にポイントを付与した時点（商品を販売した時点など）では，付与したポイントはまだ履行義務を充足していないため負債（契約負債）であり，将来においてポイントが利用されるに応じて，契約負債から収益に振り替えるという会計処理になります。この「契約負債」は，前受金として考えるとわかりやすいと思われます。

2．仕訳イメージ

　商品の現金販売400に付随して顧客にポイントを付与し，それぞれの独立販売価格が400（商品の販売）と100（ポイント）である場合の仕訳イメージは以下のとおりです（売上原価は無視します）。

【(1)　商品販売及びポイント付与時点 ^(注)】

（借）現 金 及 び 預 金　　400　　（貸）売　　上　　高　　320
　　　　　　　　　　　　　　　　　　　契　約　負　債　　 80

【(2)　ポイント交換時点】

（借）契　約　負　債　　　 80　　（貸）売　　上　　高　　 80

（注）取引価格400を「商品の販売：ポイント」＝「400：100」で配分したと仮定すると，商品の販売部分は320（＝400×400/500），ポイント部分は80（＝400×100/500）となります。

　上記は収益を認識するタイミングのみの問題であり，収益の認識（売上の計上）による財務数値への影響については，**基本ケース①**と同様であるため，解説は省略します。

ケース3	売上債権の回収サイトを変更する

例えば：売掛金の回収サイトを2か月から1か月に短縮する

1．概　要

　売掛金が入金されるまでの期間を一般に回収サイトと呼びますが，企業は得意先との間で売掛金の回収条件を交渉し，この回収サイトを変更するケースがあります。

　売掛金は「未入金のキャッシュ」であるため，売掛金の回収サイト（回収期間）を短縮できれば，資金繰りが楽になるというのが一般的な感覚です。貸借対照表の観点では，売掛金の残高削減により，対応する負債（短期借入金などのいわゆる運転資本）が不要になると解釈することもできます。

　一方，売掛金の回収サイトが延長される場合には，「未入金のキャッシュ」が増えるため，それに対応する運転資本を増額する必要が出てきます。

　なお，このような売掛金の回収サイトについては，売上債権回転率（＝売上高÷売上債権）という形で，投資家からもモニターされています。単純にいうと，売掛金の回収サイトが短く，回転率が高いほど，全体の資本回転率（Ⅰ2.(1)（p.4）参照）も高くなり，資本効率がよいと判断されます。

2．仕訳イメージ

　(1)売掛金の回収サイトが2か月から1か月に短縮され，売掛金の残高が200

から100に減少するとともに，それを短期借入金の返済に充てる場合，及び⑵売掛金の回収サイトが２か月から３か月に延長され，売掛金の残高が200から300に増加するとともに，対応する短期借入金を調達する場合の仕訳イメージは以下のとおりです。

```
【⑴　売掛金の回収サイトの短縮と短期借入金の返済】
　（借）現 金 及 び 預 金　　　100　　（貸）売　　　掛　　　金　　　100
　（借）短 期 借 入 金　　　　100　　（貸）現 金 及 び 預 金　　　100
【⑵　売掛金の回収サイトの延長と短期借入金による調達】
　（借）売　　　掛　　　金　　　100　　（貸）現 金 及 び 預 金　　　100
　（借）現 金 及 び 預 金　　　100　　（貸）短 期 借 入 金　　　　100
```

（注）実際にこの仕訳を直接的に切るわけではなく，結果としての貸借対照表上の動きの一例を示すものです。

3．損益計算書上の見え方

　影響なし。

4．貸借対照表上の見え方

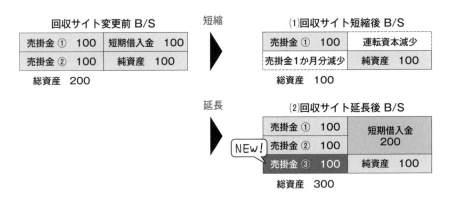

　貸借対照表で見ると，売掛金の回収サイトが２か月の場合，平均的に２か月分の売上が売掛金の残高として残りますが，得意先と交渉して回収サイトを１か月に短縮できれば，売掛金の残高は半分になります。これにより，原理的には売上１か月分相当の（短期）借入金を削減できることになります。

　逆に，得意先からの要請で回収期間を３か月に延長すれば，売掛金の残高は

1.5倍になり，単純にはそのための資金調達が必要になります。

5．将来の財務数値への影響

　売掛金の回収サイトを短縮して，売掛金の残高を削減できれば，一般に将来の金利負担（その他の資金調達コスト）を引き下げることができます。逆に売掛金の回収サイトを延長する場合には，将来の金利負担は重くなります。

ケース4	受取手形を割り引く

例えば：銀行で手形を割り引き，早期に資金化する

1．概　要

　企業は，資金調達の一環として，保有する受取手形を割り引くケースがあります。

　これを一般に「手形割引」と呼びますが，具体的には，手形の所持人が満期前に第三者（銀行など）に手形を譲渡し，満期までの金利相当額（割引料）を手形額面金額から差し引いた金額を受け取る取引をいいます。言い方を変えると受取手形の流動化です。

　一般事業会社の場合，手形割引の会計処理については，受取手形を割引時に消滅させ，入金額との差額は手形売却損として処理することになります。つまり，以下の算式で計算される金額（満期までの金利相当額）が手形売却損として損益に影響します[注]。

> 手形売却損＝割引による入金額－受取手形の帳簿価額

（注）より正確には，新たに生じた二次的責任である保証債務（受取手形遡及義務）を時価評価して認識する必要があり，手形売却損は以下の金額になります。

> 手形売却損＝（割引による入金額－保証債務の時価相当額）－受取手形の帳簿価額

2．仕訳イメージ

　受取手形300を銀行で割り引き，割引料10を控除した290の入金を受けた場合の仕訳イメージは以下のとおりです（受取手形に設定されている貸倒引当金及び手形割引時の保証債務は無視します）。

（借）現金及び預金	290	（貸）受 取 手 形	300
手 形 売 却 損	10		

3．損益計算書上の見え方

【手形割引前】		【手形割引後】	
営業利益	0	営業利益	0
営業外収益	0	営業外収益	0
営業外費用	0	営業外費用	10
支払利息	0 ➡	支払利息	0
		手形売却損	10
経常利益	0	経常利益	▲10

　手形割引の損益計算書上の見え方は，通常の資金調達の場合と同様であり，営業外費用に資金調達コストが計上される形になります。

4．貸借対照表上の見え方

5．将来の財務数値への影響

　割り引いた手形が将来において不渡りになった（なりそうな）場合など，二次的責任である保証債務（受取手形遡及義務）の計上が必要になる場合には，将来において「保証債務費用」などの追加費用が発生する場合があります。

ケース5	売掛金を流動化する

例えば：ファクタリングにより売掛金を早期に資金化する

1．概　要

　企業は自社が保有している売掛金を外部（ファクタリング会社）に売却することによって，通常の回収サイトより早く資金化するケースがあります。このような売掛金の流動化は，一般にファクタリングと呼ばれ，資金調達方法の1つと整理できます。

　一般事業会社の場合，単純にいうと，「ファクタリングによる入金額」と「売掛金の帳簿価額」の差額を売上債権売却損として処理することになります。ただし，スキームによっては，「売掛金を担保とする借入れ」と実質は異ならないケースもあり，厳密には，売掛金が消滅の要件を満たすかどうかを判断する必要があります。

　また，売掛金の消滅時に自社（譲渡人）に何らかの権利・義務が存在する場合，それらの資産や負債の時価も考慮する必要があります。詳細は割愛しますが，売掛金が延滞した場合にその延滞債権を買い戻すリコース義務などが，自社に残る義務の典型例です。

2．仕訳イメージ

　売掛金300をファクタリング会社に売却し，290の入金を受けた場合の仕訳イメージは以下のとおりです（ノンリコースを前提とし，その他の権利・義務も残存しないものと仮定します）。

（借）	現金及び預金	290	（貸）	売　　掛　　金	300
	売上債権売却損	10			

3．損益計算書上の見え方

【売掛金流動化前】		【売掛金流動化後】	
営業利益	0	営業利益	0
営業外収益	0	営業外収益	0
営業外費用	0	営業外費用	10

支払利息	0	➡	支払利息	0
			売上債権売却損	10
経常利益	0		経常利益	▲10

　売掛金の流動化の損益計算書上の見え方は，通常の資金調達や受取手形の割引（**ケース4**参照）の場合と同様であり，営業外費用に資金調達コストが計上される形になります。

4．貸借対照表上の見え方

売掛金流動化前 B/S　　売掛金流動化　NEW!　売掛金流動化後 B/S

売掛金 300	資本金・資本剰余金 200
	利益剰余金　100

総資産　300

現金及び預金 290	資本金・資本剰余金 200
	利益剰余金　90
金利見合い	損失計上

総資産　290

5．将来の財務数値への影響

　売掛金の流動化では，リコース義務が生じない場合のほうが多いと思われますが，流動化後に何らかの義務が残存している場合には，例えば，流動化対象の売掛金の延滞などにより，追加費用が発生する可能性があります。

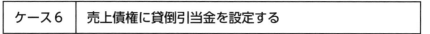

ケース6	売上債権に貸倒引当金を設定する

例えば：財務内容が悪化した得意先に対する売掛金に貸倒引当金を設定する

1．概　要

　得意先の倒産などにより，売掛金を回収できないことが確定した場合，企業は「貸倒損失」を計上して，売掛金自体を貸借対照表から消滅させます。しかしながら，多くの場合，その前段階で，得意先の財務状況から「回収できるかどうかわからない」という状態になります。このような場合に，企業は売掛金を貸借対照表に残しつつも，貸倒見積高に対して（費用を認識して）「貸倒引当金」を設定します。

　会計上，債権の貸倒見積高を算出する方法には，個々の債権ごとに見積もる

方法（「個別引当法」）と，債権をまとめて過去の貸倒実績率により見積もる方法（「総括引当法」）とがあります。

　売掛金を含む売上債権の貸借対照表価額は，取得価額から貸倒引当金を控除した金額とされます（貸付金なども同様です）。

2．仕訳イメージ

　貸倒引当金を100設定する場合の仕訳イメージは以下のとおりです。

（借）　貸倒引当金繰入額	100	（貸）　貸 倒 引 当 金	100

3．損益計算書上の見え方

【貸倒引当金設定前】		【貸倒引当金設定後】	
売上高	0	売上高	0
売上原価	0	売上原価	0
売上総利益	0	売上総利益	0
販売費及び一般管理費	0 ➡	販売費及び一般管理費	100
営業利益	0	営業利益	▲100

　売上計上時には，通常は売上総損益を経由して営業損益に反映されますが（**基本ケース①**参照），その際に計上された売掛金に貸倒引当金を設定すると，その分だけ営業損益にマイナスの影響が及びます。

4．貸借対照表上の見え方

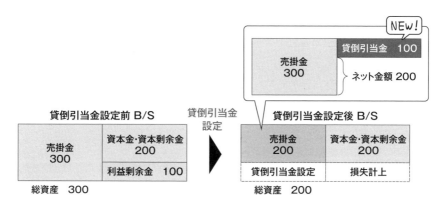

　上図のとおり，貸倒引当金の設定により，売掛金が間接的に減額されて損失が発生しており，実際に貸倒損失が発生した場合とほぼ同じ状態になっています。その意味で，貸倒引当金の設定は貸倒損失の先取りということもできます。

5．将来の財務数値への影響

　将来において実際に貸倒れが発生した場合，事前の見積りが正しければ，その時点では新たな損失は発生しません。これは，貸倒引当金を設定した段階ですでに費用を認識しているためです。その意味でも貸倒引当金は貸倒損失の先取りといえます。詳細については，**ケース7**をご参照ください。

ケース7	設定した貸倒引当金を取り崩す

　例えば：貸倒引当金を設定していた売掛金が実際に貸し倒れる，または逆に予想に反して回収される

1．概　要

　企業がいったん設定した貸倒引当金を取り崩すパターンとしては，以下の2つがあります。
- (1)　実際に貸倒れが発生して，貸倒引当金を目的使用する
- (2)　貸倒引当金を設定した債権が回収され（あるいは回収可能な状態となり），貸倒引当金を戻入する

2．仕訳イメージ

　売掛金に対して設定された貸倒引当金100について，(1)貸倒れが発生して目的使用する場合，及び(2)実際には貸倒れが発生せず戻入する場合の仕訳イメージはそれぞれ以下のとおりです。

```
【(1)　貸倒引当金を目的使用する場合】
　　(借) 貸 倒 引 当 金　　　100　　(貸) 売　　掛　　金　　　100
【(2)　貸倒引当金を戻入する場合】
　　(借) 貸 倒 引 当 金　　　100　　(貸) 貸倒引当金戻入額　　　100
```

3．損益計算書上の見え方

⑴　貸倒引当金を目的使用する場合

　貸倒引当金を目的使用する場合，貸倒引当金の設定時にすでに費用が計上されているため（**ケース6**参照），それを目的使用した時点では損益影響はありません。

⑵　貸倒引当金を戻入する場合

【貸倒引当金戻入前】		【貸倒引当金戻入後】	
売上高	0	売上高	0
売上原価	0	売上原価	0
売上総利益	0	売上総利益	0
販売費及び一般管理費	0 ➡	販売費及び一般管理費	▲100
営業利益	0	営業利益	100

　貸倒引当金を戻入するケースですが，引当額の過不足については，それが計上時の見積り誤りに起因するものではなく，当期中における状況の変化に伴う会計上の見積りの変更（または実績の確定）により生じた場合は，その変更（または実績の確定）のあった期に，その性質に応じて，営業損益または営業外損益として認識することとされています。

　上記の損益計算書では，販売費及び一般管理費から控除して表示していますが，この場合，引当金を設定した際の逆の影響があり，営業損益にプラスの影響が及びます。

4．貸借対照表上の見え方

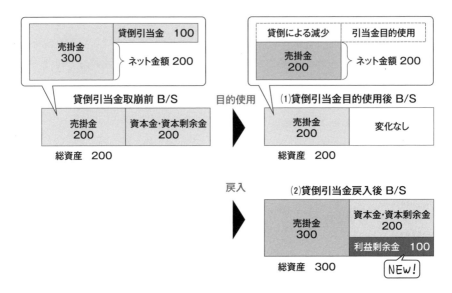

　(1)実際に貸倒が発生して貸倒引当金を目的使用する場合，売掛金は切り捨てられますが，同時に貸倒引当金も取り崩されるので，上図のとおり，貸倒引当金控除後のネットの売掛金の金額は200で変動していません。また，貸倒発生後の見え方は，事前に貸倒引当金を設定していようがいまいが，同じ形になります。

　一方，(2)貸倒懸念のあった得意先の業績が回復した場合など，貸倒引当金を戻入する場合，利益計上を通じて純資産が増加します。つまり，得意先の業績回復が自社の利益につながるということです。

② 購買・製造

基本ケース② 原材料を仕入れ，製品を製造し，販売費及び一般管理費を支払う

1．概　要

　企業の基本的な活動として，購買活動があり，また製造業であれば製造活動もあります。原材料を仕入れて製品を製造する過程で，工場などで発生したコストは「製造原価」と呼ばれ，製品などの棚卸資産の原価（及び，その製品などが販売された場合の売上原価）を構成します。

　事業に関連して発生するコストには，製造原価（売上原価）以外のものもあり，具体的には「販売費及び一般管理費」（販管費）がこれに該当します。この販売費及び一般管理費は，文字どおり「販売費」と「一般管理費」により構成されますが，販売費とは，販売業務に関連して発生する費用を指し，一般管理費とは，一般管理業務に関連して発生する費用（いわゆる本社費）を指します。いずれも棚卸資産の原価には含まれないものです。

　製造業においては，製造に要する製造原価とその他の管理業務等に要する（販売費及び）一般管理費を区分する必要があります。両者は財務数値にも異なるインパクトを与えます。

2．仕訳イメージ

　原材料200を購入して工程に投入し，直接労務費100を支払い，製造設備の減価償却費100を計上する場合，及びそれにより製品が完成した場合の仕訳イメージは以下のとおりです。

【製造原価の支出】					
（借）製 造 原 価 （直接材料費）	200	（貸）現 金 及 び 預 金	200	
（借）製 造 原 価 （直接労務費）	100	（貸）現 金 及 び 預 金	100	
（借）製 造 原 価 （減価償却費）	100	（貸）固 定 資 産	100	
【製品の完成】					
（借）棚卸資産（製品）	400	（貸）製 造 原 価	400	

また，販売費及び一般管理費100を支出する場合の仕訳イメージは以下のとおりです。

（借）販 売 費 及 び 一 般 管 理 費	100	（貸）現 金 及 び 預 金	100

3．損益計算書上の見え方

(1)　製造原価の支出

　製造原価の支出時点では，損益計算書には影響はありません。損益計算書に影響があるのは，製造した製品が販売される（つまり，売上原価が計上される）時点です。詳細については，下記4．をご参照ください。

(2)　販売費及び一般管理費の支出

【販管費支出前】			【販管費支出後】	
売上高	0		売上高	0
売上原価	0		売上原価	0
売上総利益	0		売上総利益	0
販売費及び一般管理費	0	➡	販売費及び一般管理費	100
営業利益	0		営業利益	▲100

　棚卸資産を経由する製造原価の場合と異なり，販売費及び一般管理費の支出は，営業損益にダイレクトに影響します。

コラム　売上原価率と販管費率で見る売上高営業利益率の増減要因

　製造原価の支出は売上原価を通して，販管費の支出は直接，営業利益に影響を与えます。

　これらはいずれも企業にとって重要な費用であるため，対外的には売上高営業利益率（＝営業利益÷売上高。Ⅰ2.（1）（p.4）参照）の増減要因を，売上原価率（＝売上原価÷売上高）と販管費率（＝販管費÷売上高）に分けて分析し，説明できるようにしておく必要があります。具体的には，「売上原価率は，…を主因として，前期比…ポイント上昇の…％となったが，販管費率は…という要因もあって，前期比…ポイント低下の…％となり，結果として，売上高営業利益率は同…ポイント上昇の…％となった」というようなイメージです。

　売上原価（率）の増減要因については，内訳ごとの増減要因ももちろんですが，特に重要な売上原価の決定要因（例えば，原材料価格や為替レートなど）による影響についても説明を求められることが多いと思われます。

　また，販管費（率）の増減要因については，研究開発費・販売促進費・人件費・物流費といった重要な費目をピックアップし，内訳ごとに増減要因を説明するのが一般的です（下図参照）。このような観点から，販管費の水準について，売上高に対する比率（つまり，販管費率）の目標値を持ち，その水準以下にコントロールしている企業もあります。

［売上高営業利益率の増減要因］

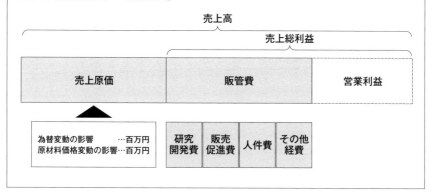

4．貸借対照表上の見え方

⑴　製造原価の支出

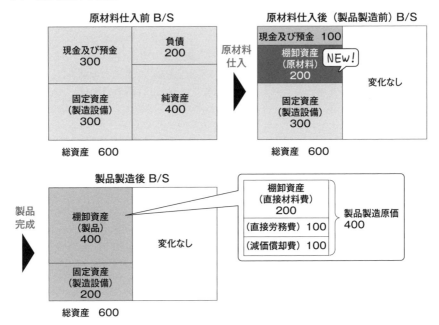

　上図のとおり，原材料の購入によりキャッシュが原材料に置き換わり，製造の開始により原材料は製造工程に投入され，仕掛品（製造過程にある棚卸資産）を経由して最終的には製品になります。言い換えると，原材料の仕入れは資産の取得であり，費用ではないということです。また，直接労務費（工場の人件費）の支払いも，キャッシュが棚卸資産に置き換わるという点で，原材料の購入と同じです。

　さらに，製造設備の減価償却に伴って固定資産が減少しますが（**基本ケース**④参照），減価償却費は直接労務費と同様，棚卸資産の金額に上乗せされます。この部分は，単純にいうと，固定資産が棚卸資産（仕掛品や製品）に置き換わる形になります。

　つまり，製品を製造するためのコストは発生するものの，その時点では損益は発生しないということです。その後，製造した製品の販売時に，そのコスト（棚卸資産）が売上原価に振り替わって初めて，損益が発生することになりま

す。

⑵　販売費及び一般管理費の支出

販管費支出前 B/S

現金及び預金 300	負債 200
	資本金·資本剰余金 200
固定資産 300	利益剰余金 200

総資産　600

販管費支出 ▶

販管費支出後 B/S

現金及び預金 200	負債 200
販管費の支出	資本金·資本剰余金 200
固定資産 300	利益剰余金　100
	損失計上

総資産　500

　販売費及び一般管理費は支出時点（または未払計上時点）で費用処理されるので，その分だけ利益剰余金が減額されます。その意味で，資産の取得である製造原価の支出（利益剰余金への影響なし）とは異なります。

ケース8　仕入債務の支払サイトを変更する

例えば：買掛金の支払サイトを2か月から3か月に延長する

1．概　要

　買掛金を支払うまでの期間を一般に支払サイトと呼びますが，企業は仕入先との間で買掛金の支払条件を交渉し，この支払サイトを変更するケースがあります。

　買掛金は仕入などに伴って発生する負債ですが，実質的には仕入先からの無利子の借入れとも解釈できます。例えば，仕入先の協力により買掛金の支払サイトの延長が実現すれば，その実質は無利子の追加借入れと同様であるため，その資金で借入金残高の圧縮や新規の投資といった対応が可能になります。

　ただし，支払サイトの延長により，原材料等の購入価格に金利相当分が上乗せされる場合には，上記のような効果は期待できません。つまり，運転資本借入の形で銀行に金利を支払うか，買掛金の形で取引先に金利を支払うかだけの違いになってしまうということです。

　逆に，買掛金の支払サイトが短縮される場合には，無利子負債が減少するた

38

め，手許資金を維持するためには，有利子負債（短期借入金などの運転資本）を増額する必要が出てきます。

２．仕訳イメージ

(1)買掛金の支払サイトが２か月から１か月に短縮され，買掛金の残高が200から100に減少する場合，及び(2)買掛金の支払サイトが２か月から３か月に延長され，買掛金の残高が200から300に増加する場合の仕訳イメージは以下のとおりです(注1)。

| 【(1) 買掛金の支払サイトの短縮(注2)】 |
| （借）買　掛　金　　100　　（貸）現金及び預金　　100 |
| 【(2) 買掛金の支払サイトの延長】 |
| （借）現金及び預金　　100　　（貸）買　掛　金　　100 |

(注1) 実際にこの仕訳を直接的に切るわけではなく，結果としての貸借対照表上の動きの一例を示すものです。
(注2) 買掛金の支払サイトが短縮される場合，仮にキャッシュの残高を維持したいときには，借入れが必要になりますが，その場合には買掛金が借入金に置き換わる形になります。

３．損益計算書上の見え方

影響なし。

４．貸借対照表上の見え方

支払サイト変更前 B/S

現金及び預金 300	買掛金 ① 100
	買掛金 ② 100
	純資産 100

総資産 300

短縮 ▶ (1)支払サイト短縮後 B/S

現金及び預金 200	買掛金 ① 100
	買掛金1か月分減少
手許資金減少	純資産 100

総資産 200

延長 ▶ (2)支払サイト延長後 B/S

現金及び預金 400	買掛金 ① 100
	買掛金 ② 100
	買掛金 ③ 100
	純資産 100

総資産 400

　貸借対照表で見ると，買掛金の支払サイトが２か月の場合，平均的に２か月分の仕入が買掛金の残高として残りますが，⑴仕入先からの要請で支払サイトが１か月に短縮されると，買掛金の残高は半分になります。この場合，単純にはキャッシュの残高が減るか，短期借入金などの有利子負債が増えるかのいずれかになります（上図ではキャッシュの残高が減少）。

　逆に，⑵仕入先と交渉して支払サイトを３か月に延長できれば，買掛金の残高は1.5倍になります。この場合，単純にはキャッシュの残高が増えるか，短期借入金などの有利子負債が削減されるかのいずれかになります（上図ではキャッシュの残高が増加）。

5．将来の財務数値への影響

　買掛金の増減は無利子負債の増減を意味し，それが有利子負債の増減と裏表の関係にあることを考えると，将来の金利負担にも影響を及ぼす可能性があります。

　具体的には，買掛金の支払サイトが短縮されると，相対的に有利子負債が増加するため，一般に将来の金利負担（その他の資金調達コスト）は重くなるといえます。逆に，買掛金の支払サイトが延長されると，無利子負債の相対的な増加により，将来の金利負担を引き下げることができます。

ケース９	有償支給取引を行う

　例えば：外注先に部品を有償支給し，その部品が組み込まれた製品を買い戻す

1．概　要

　企業は，外注先との間で有償支給取引を行うケースがあります。

　ここで，「有償支給取引」とは，企業が原材料等（「支給品」）を外部（「支給先」）に譲渡し，支給先における加工後，支給先からその支給品が組み込まれた製品などを購入する一連の取引をいいます（「無償支給取引」に対する用語です）。

　日本の会計基準では，支給品の買戻義務の有無によって，有償支給取引の会計処理が異なります。

まず，⑴支給品を買い戻す義務を負っていない場合，企業は支給品の消滅を認識しますが，支給品の譲渡に係る収益は認識しません（端的には未収入金への振替えを行いますが，具体的にどのような仕訳になるかは，下記２．をご参照ください）。有償支給時点で収益を認識しないのは，支給品の譲渡に係る収益と最終製品の販売に係る収益が二重に計上されることを避けるためです。

一方，⑵支給品を買い戻す義務を負っている場合，企業は支給品の消滅を認識せず，したがって当然，支給品の譲渡に係る収益も認識しません（つまり，支給品はそのまま貸借対照表に残ります）（注）。単純にいうと，有償支給時点では，支給先に支給品に対する支配が移転していないためです。

(注) ただし，個別財務諸表においては，支給品の譲渡時に支給品の消滅を認識することが認められています。これは，譲渡された支給品は，物理的には支給先において在庫管理が行われており，企業による在庫管理に関して実務上の困難さがある点を踏まえた取扱いです。ただし，この場合でも，支給品の譲渡に係る収益は認識しません。

２．仕訳イメージ

支給先に対して，帳簿価額200の支給品（原材料）を300で譲渡（有償支給）し，支給先における加工後の製品を400で買い戻す場合の仕訳イメージは以下のとおりです。

⑴ 支給品の買戻義務を負っていない場合

```
【原材料の有償支給時点】
 （借）未 収 入 金    300   （貸）原 材 料      200
                             有償支給取引に   100
                             係 る 負 債
【製品の買戻し時点】
 （借）製      品     300   （貸）買 掛 金      400
     有償支給取引に   100
     係 る 負 債
```

⑵　支給品の買戻義務を負っている場合

【原材料の有償支給時点】				
（借）未　収　入　金	300	（貸）有償支給取引に係る負債		300
【製品の買戻し時点①】				
（借）製　　　　品	100	（貸）買　　掛　　金		400
有償支給取引に係る負債	300			
【製品の買戻し時点②^{（注）}】				
（借）製　　　　品	200	（貸）原　　材　　料		200

（注）支給先に支給したものの，自社の貸借対照表に残っていた「原材料」200について，製品の完成に伴って「製品」に振り替えています。

　いずれの場合も，買い戻した製品の帳簿価額は300です。細かな差異はあるものの，当初の原材料の帳簿価額200に支給先の加工賃見合い100を加えたものが製品の帳簿価額となるためです。

３．損益計算書上の見え方

　支給品の買戻義務の有無にかかわらず，有償支給時点では収益は計上されず，損益影響はありません。

4．貸借対照表上の見え方

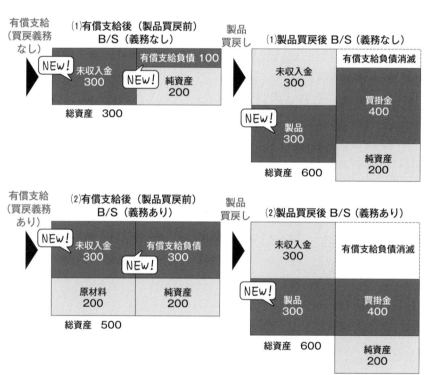

（1）支給品を買い戻す義務を負っていない場合，原材料の有償支給時点でいったん原材料200が貸借対照表から消える一方，製品の買戻し時点で製品300が戻ってくる形になります。

　一方，（2）支給品を買い戻す義務を負っている場合，原材料はそのまま貸借対照表に残ります。そして，製品の買戻し時点で，原材料200が製品に振り替わり，かつ支給先の加工賃見合い100（製品の買戻価格400と原材料の譲渡価格300の差額）が製品に追加され，（1）と同じく製品の残高は300になります。

　つまり，上図のとおり，いずれの場合であっても，製品買戻し後の貸借対照表は同じ形になります。

ケース10	固定費の水準を引き下げる

例えば：一部の製品について自社製造を委託製造に切り替える

1．概　要

　企業は，一般に事業リスク低減のため，固定費を削減する（または変動費化する）取組みを行っています。これは，固定費の削減が多くの企業にとって重要であるためです。

　一般に，費用に占める固定費の割合が高い場合，売上高の変動に対する営業利益の変動割合が相対的に大きくなります。この点を指して，企業の固定費比率の高さを示す指標を「営業レバレッジ」と呼ぶことがあります。例えば，多額の設備投資を要する業界に属する企業は，その償却負担により固定費の比率が高くなりますが，このような企業では，稼働率が上がって売上が伸びれば，利益が急激に拡大する傾向があります（費用はそれほど変動しないため）。しかしながら，裏返すと，営業レバレッジが高い企業は損益分岐点売上の水準が高く，不況に対する耐性が低くなります。特に人件費などの固定費は，売上が減少してもすぐには削減できないためです。

　このような観点から，固定費の水準を引き下げる試みは重要になりますが，この場合，固定費自体を削減する方法はもちろん，固定費の一部を変動費に置き換えるという方法もあります。例えば，自社製造していた製品を委託製造に切り替える場合，設備投資が減少し，減価償却費という固定費の一部が（製造委託先への）外注費に置き換わります。外注費は変動費なので（少なくとも減価償却費よりも変動費の性格が強いので），これにより損益分岐点売上高の引下げ，ひいては事業リスクの削減が期待できるということです。

　企業の固定費の水準には投資家も注目しています。固定費のうち人件費については，決算説明においても触れられるケースは多い印象で，「人件費等の固定費負担が重く，営業減益の要因になった」等のコメントは散見されます。これは，多くの企業にとって金額的に重要であるだけでなく，「人材投資」や「人的資本」という表現があるように，人件費の支出は一種の投資と解釈されるためです。また，人件費の削減は，大規模な雇用調整を行う場合を除き，短期的に実現することは難しいため，その水準は必然的に投資家の関心を集めるという側面もあります。

　固定費の水準については，決算説明の中で，「不動産賃料等の固定費を低く抑えることで，損益分岐点の引下げに成功した」等のアピールを見ることもあります。

　逆にいうと，固定費水準が上がっている場合には，その背景にある要因をよく分析し，丁寧に説明する必要が出てきます。例えば，もしそれが研究開発費の増加によるものであれば，「固定費の増加が営業減益要因になっているが，これは積極的な研究開発費の投入を主因とするものである」等の説明が行われることが多いと考えられます。つまり，固定費の増加は，企業の戦略的な意思決定の結果を反映したものという整理です。

2．仕訳イメージ

　委託製造への切替えにより，製造設備の減価償却費100が外注費100に置き換わる場合の仕訳イメージは以下のとおりです。

（借）外　注　費 （変　動　費）	100	（貸）減価償却費 （固　定　費）	100

3．損益計算書上の見え方

　影響なし。ただし，製造原価明細書において，製造原価の内訳が変動します。

4．貸借対照表上の見え方

　固定費の水準を引き下げたり，変動費化したりしただけでは，貸借対照表への影響はありません。なお，委託製造への切替に伴って設備残高を削減する場合の影響については，ケース35をご参照ください。

5．将来の財務数値への影響

　固定費自体の水準を引き下げる場合はもちろん，固定費を変動費化した場合にも，将来的には損益分岐点売上高の引下げ，ひいては事業リスクの低減が期待できます。

ケース11	在庫残高を削減する

例えば：物流体制や発注方法の見直しにより，平均的な保有在庫数量を削減する

1．概　要

　製造業であれば，工場の稼働率を下げて生産量を減らすなど，いわゆる在庫調整は一般に行われています。しかしながら，それ以外でも多くの企業で，定常的な在庫残高を圧縮して，在庫（棚卸資産）回転率を上げるための試みが行われています。

　例えば，店舗販売を行う小売業において，物流体制の見直しにより，従来仕入先（メーカーなど）から各店舗へ直送されていた商品の配送を，自社倉庫または委託倉庫への配送に切り替え，そこに一定程度の在庫をストックするようなケースがあります。そうすることで，個々の店舗では都度の最低発注数量を引き下げることができるため（つまり，必要分のみを注文することができるため），棚卸資産回転率（＝売上高÷棚卸資産）の向上に寄与すると考えられます。

　このような試みが行われている背景として，在庫，つまり棚卸資産を保有することのデメリットがあります。端的には，「資金の固定化」の問題であり，その棚卸資産が資金化されるまでは他の投資はできません。これを貸借対照表で考えると，対応する借入金などの負債や金利コストが必要になるということを意味します。その他，倉庫などの保管コストの問題に加えて，棚卸資産が滞留して評価減や廃棄が必要になる会計上のリスクもあります。

　そのため，一般に在庫残高を削減することには様々なメリットがあります。

　なお，このような在庫残高については，棚卸資産回転率という形で，投資家からもモニターされています。単純にいうと，在庫管理が効率的で，回転率が

高いほど，全体の資本回転率（Ⅰ2．(1)（p.4）参照）も高くなり，資本効率がよいと判断されます。

2．仕訳イメージ

棚卸資産の残高を300から200に削減するとともに，短期借入金を返済する場合の仕訳イメージは以下のとおりです。

【棚卸資産残高の削減】			
（借）現 金 及 び 預 金	100	（貸）棚 卸 資 産	100
【短期借入金の返済】			
（借）短 期 借 入 金	100	（貸）現 金 及 び 預 金	100

（注）実際にこの仕訳を直接的に切るわけではなく，結果としての貸借対照表上の動きの一例を示すものです。

3．損益計算書上の見え方

影響なし。

4．貸借対照表上の見え方

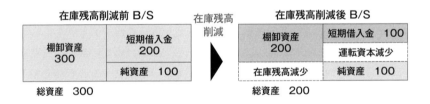

上図からわかるとおり，資金面で見ると，在庫残高の削減には，売掛金の回収サイトの短縮（**ケース3**参照）と同様の効果があります。

5．将来の財務数値への影響

在庫の削減により，在庫の保有コスト（保管費用など）が低減され，それに伴う運転資本の削減により，一般に将来の金利負担も軽くなります。一方で，注文を受けた際に在庫が不足し，機会損失が発生する可能性はより高くなります。

ケース12	棚卸資産の帳簿価額を切り下げる

例えば：販売実績が赤字の製品や滞留している製品の帳簿価額を切り下げる

1．概　要

　多くの企業は在庫管理に労力を割いており，定期的に在庫の廃棄を行うとともに，（廃棄はしないものの）評価減を行うケースも多いと思われます。具体的には，期末前後での販売実績で見て，赤字となっている製品がある場合など，収益性の低下に伴って棚卸資産の帳簿価額の切下げを行うケースがこれに該当します。

　会計上は，棚卸資産について，正味売却価額が取得原価を下回っている場合，その正味売却価額をもって貸借対照表価額とする必要があり，取得原価との差額は当期の費用（売上原価。ただし，棚卸資産の製造に関連して不可避的に発生する場合には製造原価）として処理されます。ここで，「正味売却価額」とは，「売価−（見積追加製造原価＋見積販売直接経費）」で計算され，端的には「いま販売すればどれだけの（ネット）販売収入があるか」を意味します。

　単純にいうと，棚卸資産を貸借対照表に載せておくためには，その金額で販売できる見込みが必要であり，販売時に損失が見込まれる場合には，事前に帳簿価額を切り下げて，その価格まで貸借対照表の金額を引き下げておくということです。

　また，その他滞留している棚卸資産については，帳簿価額をゼロや備忘価額まで切り下げたり，一定の回転期間を超えるものの評価を規則的に切り下げたり，という処理が必要になる場合もあります。

コラム　棚卸資産の簿価切下げとマネジメントの裁量

　棚卸資産の簿価切下げのインパクトが大きい場合，決算内容の説明の際にその詳細が明かされ，「滞留在庫の厳密なチェックをもとに，適正な在庫の評価減を行った」などの説明を目にすることもあります。

　「今までは厳密なチェックをしていなかったのか？」という疑問が生じるのは，監査法人勤務時代に性格が歪んでしまったからかもしれませんが，実際には，滞留している棚卸資産の簿価切下げは一定時点でまとめて行われることも多い印象で，棚卸資産の評価にはマネジメントに一定の裁量があるように思います。この点は，後述する固定資産の減損処理の判断（**ケース33**参照）や繰延税金資

産の回収可能性の判断（**ケース68**参照）についても同様です。

　しかしながら，企業としては，あまりそういう背景は匂わせず，うまく説明
したいところです。

2．仕訳イメージ

　棚卸資産の帳簿価額を300から200に切り下げる場合の仕訳イメージは以下の
とおりです。

（借）売 上 原 価	100	（貸）棚 卸 資 産	100

3．損益計算書上の見え方

【簿価切下げ前】		【簿価切下げ後】	
売上高	0	売上高	0
売上原価	0 ➡	売上原価	100
売上総利益	0	売上総利益	▲100
販売費及び一般管理費	0	販売費及び一般管理費	0
営業利益	0	営業利益	▲100

　収益性の低下による帳簿価額の切下げ額は基本的に売上原価として処理され
るため，売上総損益の段階から損益が悪化し，売上原価率や売上総利益率と
いった重要な指標が悪影響を受けます。

　なお，収益性の低下に基づく帳簿価額の切下げ額が，臨時の事象（例えば，
重要な事業部門の廃止や災害損失の発生など）に起因し，かつ多額である場合
には，特別損失として計上されることもあります。

4．貸借対照表上の見え方

　上図のとおり，棚卸資産の帳簿価額の切下げが利益剰余金に与える影響は，実際に棚卸資産を販売して損失が発生した場合と同様です。その意味で，下記5．でも説明するように，棚卸資産の帳簿価額の切下げは販売時の損失の先取りともいえます。

5．将来の財務数値への影響

　帳簿価額の切下げにより，当然ながら棚卸資産の貸借対照表価額は小さくなるため，将来その棚卸資産が販売された際には，その分だけ売上原価も小さくなります。つまり，将来において販売できれば，売上総利益の段階から相対的に（帳簿価額を切り下げていない場合に比べて）利益が大きくなるということです。

　上記の例では，200まで帳簿価額を切り下げておけば，実際に200で販売したときには，損益はゼロになります。その意味では，棚卸資産の評価損は販売時の損失の先取りという言い方ができます。

③ 人事・給与

基本ケース③ 従業員に給料や賞与を支給する

1. 概　要

　企業の基本的な活動として，人件費の支払い，具体的には月々の給料や定期的な賞与の支払いがあります。

　このうち，月々の給料については，基本的に毎月の支払時に費用計上されます。給料を含む人件費については，製造原価に含まれる場合（例えば，製造部門の人員に係るもの）と販売費及び一般管理費に含まれる場合（例えば，本社部門の人員に係るもの）があります。それぞれの見え方については，**基本ケース②** 4．(1)(2) (p.36) をご参照ください。

　一方，賞与については，事前に期間対応分が賞与引当金または未払賞与として計上されているケースも多いと考えられます。

　賞与引当金と未払賞与の区別ですが，従業員への賞与支給額が確定していない場合，翌期における支給見込額のうち当期に帰属する額が「賞与引当金」として計上されます。

　一方，賞与支給額が確定している場合，当期に帰属する額は，「未払費用」（支給額が支給対象期間に対応して算定されている場合）または「未払金」（成功報酬的賞与など，支給額が支給対象期間以外の臨時的な要因に基づいて算定されている場合）として計上されます。

　以下では，賞与引当金を例として説明します。

2. 仕訳イメージ

　(1)支給の前段階で賞与引当金100を設定しておき，(2)支給の段階では引当金を取り崩す形で賞与100を支払う場合の仕訳イメージは以下のとおりです。

【(1)　賞与引当金設定時】				
（借）賞与引当金繰入額	100	（貸）賞 与 引 当 金	100
【(2)　賞与支給時】				
（借）賞 与 引 当 金	100	（貸）現 金 及 び 預 金	100

3．損益計算書上の見え方

(1)　賞与引当金設定時

【賞与引当金設定前】		【賞与引当金設定後】	
売上高	0	売上高	0
売上原価	0	売上原価	0
売上総利益	0	売上総利益	0
販売費及び一般管理費	0 ➡	販売費及び一般管理費	100
営業利益	0	営業利益	▲100

　上記の損益計算書では，賞与が販売費及び一般管理費に含まれるものと仮定しています（以下のケースの人件費全般について同様の仮定を置いています）。

(2)　賞与支給時

　賞与引当金を取り崩して賞与を支払う部分については，損益影響はありません。しかしながら，実際の支給額が引当額と異なる場合には，賞与支給時に損益計算書に影響を与える可能性があります。例えば，上記の例で，100の賞与引当金に対して，実際の支給額が120であった場合には，20は賞与支給時の費用となる可能性があるということです。

52

4．貸借対照表上の見え方

賞与引当金設定前 B/S

| 現金及び預金 300 | 資本金・資本剰余金 200 |
| | 利益剰余金 100 |

総資産　300

引当

(1)賞与引当金設定後（賞与支給前）B/S

| 変化なし | NEW! 賞与引当金 100 |
| | 資本金・資本剰余金 200 |

総資産　300

支払い

(2)賞与引当金からの賞与支給後 B/S

現金及び預金 200	賞与引当金取崩し
	資本金・資本剰余金 200
賞与の支給	

総資産　200

　上図のとおり，(1)賞与引当金の設定時に利益剰余金に影響が及び，(2)賞与の支給時にキャッシュに影響が及びます。

| ケース13 | 役員に賞与を支給する |

例えば：業績に応じて役員賞与を支給する

1．概　要

　企業は，取締役などに対して賞与を支払うケースがありますが，このような役員賞与は，発生した期の費用として処理されます。

　役員賞与については，役員報酬とともに「職務執行の対価として株式会社から受ける財産上の利益」として整理され，定款に報酬等に関する一定の事項を定めていないときは，株主総会の決議によって定めることとされています。したがって，当期の職務に係る役員賞与について，期末後に開催される株主総会の決議事項とする場合には，その決議事項とする額（またはその見込額）を基本的に引当金（役員賞与引当金）として計上することになります。

2．仕訳イメージ

　(1)翌期における役員賞与の支払予定額100に対して役員賞与引当金を設定し

ておき，(2)支給の段階では引当金を取り崩す形で役員賞与100を支払う場合の仕訳イメージは以下のとおりです。

```
【(1)　役員賞与引当金設定時】
　（借）役員賞与引当金　　　100　　（貸）役員賞与引当金　　　100
　　　　繰　入　額
【(2)　役員賞与支給時】
　（借）役員賞与引当金　　　100　　（貸）現金及び預金　　　　100
```

　財務数値への影響については，基本的に従業員賞与の場合と同様であるため，**基本ケース③**をご参照ください。

ケース14	無償ストック・オプションを付与する

　例えば：インセンティブ報酬の一環として，従業員や役員に無償でストック・オプションを付与する

1．概　要

　企業は，従業員や役員に（無償で）ストック・オプションを付与するケースがあります。

　ここで，「ストック・オプション」とは，自社株式オプション（新株予約権など）のうち，特に企業がその従業員等に，報酬として付与するものをいいます。ストック・オプションには，権利確定条件が付されているものが多く，その場合，対象者が勤務条件や業績条件などの一定の条件を満たして初めて，ストック・オプション本来の権利（つまり，権利行使により対象となる株式を取得する権利）を獲得することになります。

　企業がストック・オプションを付与した場合の会計処理としては，ストック・オプションに応じて従業員等から取得するサービスを，その取得に応じて費用計上する形になります。その意味では，月々の給料をキャッシュで支払い，従業員等からサービスを取得することと変わりはありません。ただし，ストック・オプションの場合，それに対応する金額を，権利行使または失効が確定するまでの間，純資産の部に新株予約権として計上することになります。

　ここで，各期における費用計上額は，ストック・オプションの公正な評価額

のうち，対価関係にあるサービスの受領に対応する部分，すなわち，対象勤務期間を基礎とする方法等に基づき当期に配分される額になります。つまり，ストック・オプションの公正な評価額を期間配分するイメージです。

　なお，新株予約権を付与する際に，従業員等が一定の額の金銭を企業に払い込むタイプのストック・オプション（いわゆる有償ストック・オプション）については，**ケース15**をご参照ください。

2．仕訳イメージ

　ストック・オプションに係る費用を100計上する場合の仕訳イメージは以下のとおりです。

（借）株式報酬費用	100	（貸）新株予約権	100

3．損益計算書上の見え方

【ストック・オプション付与前】　　　【ストック・オプション付与後】

売上高	0	売上高	0
売上原価	0	売上原価	0
売上総利益	0	売上総利益	0
販売費及び一般管理費	0 ➡	販売費及び一般管理費	100
営業利益	0	営業利益	▲100

4．貸借対照表上の見え方

　株式報酬費用の計上により利益剰余金は減少しますが，一方で新株予約権が増加するため，税金費用などを無視すれば，純資産全体としては変動がないことになります。キャッシュで報酬を支払うわけではないので，資産サイドに影響はありません。

5．将来の財務数値への影響

　ストック・オプションが権利行使され，これに対して新株を発行した場合には，新株予約権として計上した額を払込資本に振り替えます。一方，権利行使に伴い，自己株式を処分した場合には，「自己株式の取得原価」と「新株予約権の帳簿価額及び権利行使に伴う払込金額の合計額」との差額は，自己株式処分差額として処理します。財務数値への影響のイメージについては，**ケース52**をご参照ください。

ケース15	有償ストック・オプションを付与する

　例えば：従業員や役員に有償ストック・オプションを付与し，対価の払込みを受ける

1．概　要

　企業がその従業員や役員に対して，権利確定条件が付された新株予約権を付与する場合として，**ケース14**の通常のストック・オプションの付与（無償）のほか，新株予約権の付与に伴って，従業員等が一定の額の金銭を企業に払い込むケースもあります。一般に「有償ストック・オプション」と呼ばれる，このようなストック・オプションについては，会計上は「権利確定条件付き有償新株予約権」として整理されています。

　権利確定条件付き有償新株予約権については，単なる有償の新株予約権の付与（**ケース51**参照）と同様であり，報酬としての性格を有するかどうかは必ずしも明らかではありません。そこで，会計上は一定の要件（引受先が従業員等に限定され，権利確定条件として業績条件が付されている等）を満たすものについては，報酬の1つとして，**ケース14**のストック・オプションと同様の会計処理を行います（その要件を満たさないものについては，**ケース51**の通常の新株予約権の発行の会計処理）。

　ストック・オプションと同様の会計処理を行う場合，権利確定条件付き有償新株予約権を付与し，これに伴って企業が従業員等から取得するサービスは，その取得に応じて費用計上します。そして，対応する金額を，権利確定条件付き有償新株予約権の権利の行使または失効が確定するまでの間，純資産の部に

「新株予約権」として計上します。ここまでは，通常のストック・オプションのケースと同様ですが（**ケース14**参照），有償ストック・オプション特有の従業員等からの払込金額についても，純資産の部に「新株予約権」として計上することになります。

ここで，各期における費用計上額は，「権利確定条件付き有償新株予約権の公正な評価額から払込金額を差し引いた金額」のうち，対象勤務期間を基礎とする方法等に基づき当期に配分される額になります。つまり，有償ストック・オプションの公正な評価額から払込金額を差し引き，それを期間配分するイメージです。

実務上，有償ストック・オプションの付与に際しては，その公正な評価額を払込金額とすることが多いと考えられ，その意味では，報酬として付与される無償ストック・オプションとは性質が異なるともいえます。いずれにせよ，払込金額がストック・オプションの公正な評価額に等しければ，上記の「権利確定条件付き有償新株予約権の公正な評価額から払込金額を差し引いた金額」はゼロになるので，費用は計上されないことになります。

2．仕訳イメージ

従業員等に対して，権利確定条件が付された新株予約権（公正な評価額100）を付与し，公正な評価額に等しい100の払込みを受ける場合の仕訳イメージは以下のとおりです。

| （借）現金及び預金 | 100 | （貸）新株予約権 | 100 |

（注）払込金額が公正な評価額未満である場合，差額として株式報酬費用が計上されます。

財務数値への影響のイメージについては，**ケース51**をご参照ください。

| **ケース16** | 譲渡制限付株式を報酬として付与する |

例えば：インセンティブ報酬の一環として，役員に対してリストリクテッド・ストックを付与する

1．概　要

企業は，役員に対して譲渡制限付株式（またはリストリクテッド・ストッ

ク）を付与する制度を持っているケースがあります。この制度は，一般に一定期間の譲渡制限が付された株式（現物）を報酬として付与するもので，例えば，一定の勤務条件等を付し，条件が充足されない場合に株式が没収されるような設計とすることで，役員のリテンション効果や株主目線の経営を促す効果が期待できます。

　日本においては，法人税法上，役員に対して付与される譲渡制限付株式のうち一定の要件を満たすものが，損金算入の対象になります（平成28年度税制改正）。

　その形式としては，企業が役員に対して報酬債権を付与し，役員からその報酬債権の現物出資を受けるのと引き換えに，その役員に対して一定期間の譲渡制限が付された株式（特定譲渡制限付株式）を交付することになります。

　特定譲渡制限付株式を交付した場合の会計処理としては，企業が付与した報酬債権相当額を「前払費用」等として資産計上するとともに，現物出資された報酬債権の額を「資本金（及び資本準備金）」として計上します。

　そして，特定譲渡制限付株式の交付後は，現物出資された報酬債権の額のうち，その役員等が提供する役務として当期に発生した部分を，対象勤務期間（＝譲渡制限期間）を基礎とする方法等により算定し，費用計上することになります。つまり，計上した前払費用等を取り崩していくということです。

2．仕訳イメージ

　役員から報酬債権300の現物出資を受け，特定譲渡制限付株式300を発行する場合（注）の仕訳イメージは以下のとおりです（株式付与から譲渡制限解除までの期間は３年間，譲渡制限解除の条件は譲渡制限期間中の勤務継続であると仮定します）。

【(1)　報酬債権付与及び株式発行時】			
（借）前 払 費 用	300	（貸）資本金（及び資本準備金）	300
【(2)　役務提供時（１年分）】			
（借）株 式 報 酬 費 用	100	（貸）前 払 費 用	100

（注）新株発行に代えて，保有している自己株式を付与するケースもあります。この場合，(1)の仕訳の「資本金（及び資本準備金）」部分が「自己株式」に置き換わり，同時に処分差損益（その他資本剰余金。ケース62参照）も認識されます。

3．損益計算書上の見え方

(1) 報酬債権付与及び株式発行時
影響なし。

(2) 役務提供時

【特定譲渡制限付株式交付・役務提供前】		【株式交付・役務提供後】	
売上高	0	売上高	0
売上原価	0	売上原価	0
売上総利益	0	売上総利益	0
販売費及び一般管理費	0 ➡	販売費及び一般管理費	100
営業利益	0	営業利益	▲100

　上記の損益計算書では，役員による役務提供の1年分（100）が利益に与える影響を示しています。

4．貸借対照表上の見え方

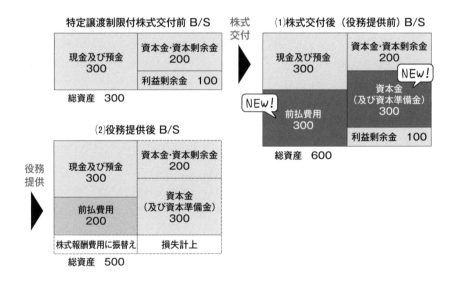

5．将来の財務数値への影響

　計上された前払費用（現物出資された報酬債権）については，対象勤務期間

（＝譲渡制限期間）に応じて，徐々に費用に振り替えられます。

　なお，付与した報酬債権の額のうち，譲渡制限解除の条件が充足されなかったことにより，会社が役員等から株式を無償取得することとなった部分（役員等から役務提供を受けられなかった部分）については，その部分に相当する前払費用等を取り崩し，同額を損失処理することになると考えられます。

ケース17　確定給付制度（社内制度）から退職金を支払う

例えば：外部積立のない社内の退職給付制度から従業員に退職金を支払う

1．概　要

　多くの企業は従業員のための退職給付制度を持っていますが，将来における従業員の退職に伴う支出に備える引当金として，退職給付引当金があります。

　ただし，正確には，「退職給付引当金」というのは個別財務諸表上の勘定であり(注)，連結財務諸表上は「退職給付に係る負債」という勘定がこれに対応します。

　この「退職給付に係る負債」は，①退職給付債務から②年金資産を控除した額で計上されますが，外部積立のない社内の退職給付制度の場合，②年金資産が存在しないため，①退職給付債務がそのまま「退職給付に係る負債」となります。なお，①「退職給付債務」は，単純にいうと，退職給付見込額（退職により見込まれる退職給付の総額）のうち，期末までに発生している額を割り引いて計算されます。

（注）個別財務諸表上は一定の遅延認識があり（**ケース19及び20参照**），年金資産を無視すれば，「退職給付債務に未認識数理計算上の差異及び未認識過去勤務費用を加減した額」が退職給付引当金になりますが，ここでは単純化のために，退職給付引当金が連結財務諸表上の退職給付に係る負債に等しいと仮定します（以下のケースについても同様）。

　社内制度から従業員に退職金が支払われる場合，企業にとっての①退職給付債務が減少するため，退職給付引当金の取崩しとして処理されます。言い換えると，退職金の支払いにあたって費用は計上されません。これは，退職給付引当金の設定時にすでに費用（退職給付費用）が認識されているためです。

2．仕訳イメージ

　(1)支給の前段階で退職給付引当金を設定し，(2)支給の段階では引当金を取り崩す形で社内制度から退職金100を支払う場合の仕訳イメージは以下のとおりです。

【(1)　退職給付費用計上（引当金設定）時】
　（借）退 職 給 付 費 用　　　100　　（貸）退職給付引当金　　　100
【(2)　社内制度からの退職金支払時】
　（借）退職給付引当金　　　100　　（貸）現 金 及 び 預 金　　　100

3．損益計算書上の見え方

(1)　退職給付費用計上（引当金設定）時

【退職給付費用計上前】			【退職給付費用計上後】	
売上高	0		売上高	0
売上原価	0		売上原価	0
売上総利益	0		売上総利益	0
販売費及び一般管理費	0	➡	販売費及び一般管理費	100
営業利益	0		営業利益	▲100

　上記のように，損益計算書に影響が及ぶのは，社内制度からの退職金の支払時ではなく，その前段階の退職給付引当金の設定時です。

(2)　社内制度からの退職金支払時

　社内制度から退職金を支払う際には，設定済みの退職給付引当金を取り崩す形になるので，損益計算書への影響はありません。

4．貸借対照表上の見え方

退職給付費用計上前 B/S

| 現金及び預金 300 | 資本金・資本剰余金 200 |
| | 利益剰余金 100 |

総資産 300

引当 →

(1)退職給付費用計上後（退職金支払前）B/S

NEW!

| 変化なし | 退職給付引当金 100 |
| | 資本金・資本剰余金 200 |

総資産 300

支払い ▶

(2)社内制度からの退職金支払後 B/S

現金及び預金 200	退職給付引当金取崩し
	資本金・資本剰余金 200
退職金の支払い	

総資産 200

　上図のとおり，(2)社内制度からの退職金の支払いは，基本的に賞与引当金の取崩しによる賞与支給（**基本ケース③**参照）と同じような見え方になります。すなわち，企業からの（従業員に対する）資金の流出であり，かつ引当済みであるため，キャッシュと退職給付引当金の両方が貸借対照表から消える形になります。

| ケース18 | 確定給付制度（外部積立制度）に掛金を拠出する |

例えば：確定給付企業年金（DB）に掛金を拠出する

1．概　要

　企業の退職給付制度には，確定給付制度と確定拠出制度があります。企業年金についていうと，「確定給付制度」は，企業が一定の掛金を外部に積み立てるだけではなく，将来的に退職給付に係る追加的な拠出義務を負う可能性があるものです。自社年金を除くと，確定給付型の企業年金には，「確定給付企業年金」と「厚生年金基金」があります。ただし，このうち「厚生年金基金」は，現在では新規の設立は認められず，「確定給付企業年金」を含む他の企業年金制度への移行が進められている状況です。

　確定給付型の企業年金については，一般に退職給付引当金（退職給付に係る

負債）が計上されますが，これが通常の引当金と異なるのは，対応する年金資産が外部に積み立てられている点です。ここで，会計上の「年金資産」とは，特定の退職給付制度のために，退職金規程等に基づき積み立てられた，一定の要件（例えば，退職給付以外に使用できないこと）を満たす特定の資産をいいます。

　すなわち，外部（年金基金や信託銀行など）に継続的に掛金の形で資金を拠出しておくことで，従業員の退職時には，企業からではなく，その基金等から退職金や年金の支払いが行われることになります。

　ケース17のとおり，退職給付引当金は，退職給付債務から年金資産を控除した額で計上されますが^(注)，これは将来の企業の支出に備えるという引当金の性格から，既積立分である年金資産を退職給付債務から差し引くという趣旨です。逆にいうと，外部積立制度における退職給付引当金は，積立不足の額を示していることになります。

(注) 年金資産の額が退職給付債務を超える場合には，その超過額は資産（個別財務諸表上は「前払年金費用」，連結財務諸表上は「退職給付に係る資産」）として計上されます。

　確定給付型の外部積立制度に掛金を拠出する場合，同額だけ年金資産が増加することとなるため，退職給付引当金の取崩しとして処理されます。単純にいうと，「退職給付引当金＝退職給付債務－年金資産」なので，年金資産が増えれば，退職給付引当金は減るという関係にあります。言い換えると，掛金の拠出にあたって費用は計上されません。費用（退職給付費用）が認識されるのは，それとは異なるタイミング（退職給付引当金の設定時）になります。

２．仕訳イメージ

　確定給付企業年金の掛金を100拠出する場合の仕訳イメージは以下のとおりです。

（借）退職給付引当金	100	（貸）現金及び預金	100

３．損益計算書上の見え方

　確定給付制度に掛金を拠出する際は，設定済みの退職給付引当金を取り崩す形になるので，損益計算書への影響はありません。損益影響があるのは，その前段階である退職給付費用の計上（退職給付引当金の設定）時です。

4．貸借対照表上の見え方

外部積立制度への掛金拠出前 B/S

| 現金及び預金 300 | 退職給付引当金 100 |
| | 資本金・資本剰余金 200 |

総資産　300

掛金拠出 ▶

外部積立制度への掛金拠出後 B/S

現金及び預金 200	退職給付引当金取崩し
	資本金・資本剰余金 200
掛金の拠出	

総資産　200

　影響としては，社内制度からの退職金の支払い（**ケース17参照**）と同じです。これは，企業からの資金の流出（従業員または外部積立制度への支払い）という点で，両者が共通するからです。

5．将来の財務数値への影響

　外部積立制度への掛金の拠出の次の段階として，外部積立制度から退職者への退職金等の支給がありますが，この段階においても損益（その他の財務数値）には影響はありません。これは，あくまでも企業外部の資金の動き（外部積立制度→退職者）という位置付けになるためです。

ケース19	確定給付制度（外部積立制度）の年金資産の運用状況が変化する

例えば：確定給付企業年金（DB）における運用利回りが向上する，または悪化する

1．概　要

　企業が確定給付型の企業年金（**ケース18参照**）を持っている場合，一般に年金資産からは運用損益が発生しますが，その運用損益が変動する場合，より正確には年金資産の期待運用収益と実際の運用成果との間に差異が発生する場合，その差異は「数理計算上の差異」を構成します（数理計算上の差異には，その他「退職給付債務の数理計算に用いた見積数値と実績との差異」などが含まれます）。

　日本の会計基準では，数理計算上の差異は，原則として各期の発生額について，平均残存勤務期間（予想される退職時から現在までの平均的な期間）以内

の一定の年数で按分した額を毎期費用処理（または費用の減額処理。以下同様）します。そして，数理計算上の差異のうち費用処理されていないものを「未認識数理計算上の差異」といい，連結財務諸表上は，当期に発生した未認識数理計算上の差異は（税効果を調整のうえ，）「その他の包括利益」（Ⅱ2.(p.14)参照）を通じて純資産の部に計上します。

少し言い方を変えると，数理計算上の差異の発生時には，その他の包括利益を通じて純資産の部に計上し，それを一定期間で連結損益計算書に反映していくということです。なお，当期に費用処理された部分については，その他の包括利益の調整（組替調整。Ⅱ2.参照）を行うことになります。

2. 仕訳イメージ

数理計算上の差異が100生じた場合の仕訳イメージは以下のとおりです（税効果及び費用処理等は無視します）。

【(1) 数理計算上の発生（有利）】
（借）退職給付に係る負債　　100　　（貸）退職給付に係る調整額（その他の包括利益）　　100

【(2) 数理計算上の発生（不利）】
（借）退職給付に係る調整額（その他の包括利益）　　100　　（貸）退職給付に係る負債　　100

(注) 個別財務諸表上はこの仕訳は不要です（費用処理等のみが行われます）。

3. 損益計算書上の見え方

数理計算上の差異の発生自体には，損益影響はありません。ただし，連結財務諸表上は，（連結）包括利益計算書において，未認識数理計算上の差異の変動がその他の包括利益に影響します。

一方，数理計算上の差異の費用処理（または費用の減額処理）時には，退職給付費用を通じて損益計算書に影響します。

4．貸借対照表上の見え方

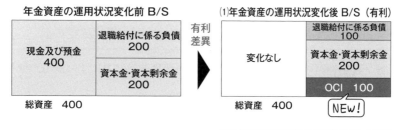

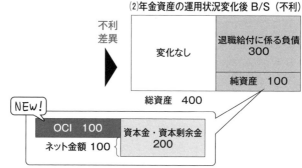

（注）OCIは「その他の包括利益（累計額）」の略ですが（以下のケースで同様），この部分は，実際にはその一部が費用（の減額）処理を通じて利益剰余金に影響します。

　年金資産の時価変動の経済的実質は，有価証券等の時価変動（**ケース39参照**）と同様ですが，貸借対照表上，資産が増減するのではなく，退職給付に係る負債が（逆方向に）増減することになります。また，上図では省略されていますが，実際には年金資産の時価変動の一部は，数理計算上の差異の費用処理（または費用の減額処理）を通じて，利益剰余金にも影響を与えます。

5．将来の財務数値への影響

　上記1．のとおり，数理計算上の差異は，平均残存勤務期間以内の一定の年数で按分した額を毎期費用処理（または費用の減額処理）することとされています。したがって，運用実績が期待運用収益率を上回った場合には，有利な数理計算上の差異が認識され，将来の退職給付費用を減額する効果があります。逆に，不利な数理計算上の差異が認識された場合には，将来の退職給付費用を増額する形になります。

このように，過去における年金資産の運用状況の変化が，累積的に将来の損益に影響するという構造に注意が必要です。

ケース20	確定給付制度の制度変更により給付水準を変更する

例えば：確定給付企業年金（DB）の規約を変更することにより給付水準を変更する

1．概　要

企業が確定給付型の退職給付制度を持っている場合，制度変更により給付水準を引き上げたり，引き下げたり，というケースがあります。このように，退職給付水準の改訂等に起因して発生した退職給付債務の増加または減少部分を「過去勤務費用」といいます。

日本の会計基準では，過去勤務費用は，原則として各期の発生額について，平均残存勤務期間以内の一定の年数で按分した額を毎期費用処理（または費用の減額処理。以下同様）します。そして，過去勤務費用のうち費用処理されていないものを「未認識過去勤務費用」といい，連結財務諸表上は，当期に発生した未認識過去勤務費用は（税効果を調整のうえ，）「その他の包括利益」（Ⅱ2．（p.14）参照）を通じて純資産の部に計上します。つまり，基本的に数理計算上の差異が発生する場合（ケース19参照）と同様の取扱いです。

2．仕訳イメージ

過去勤務費用が100生じた場合の仕訳イメージは以下のとおりです（税効果及び費用処理等は無視します）。

```
【(1) 過去勤務費用の発生（有利）】
 （借）退職給付に      100   （貸）退職給付に係る    100
       係る負債                 調整額（その他
                               の包括利益）
【(2) 過去勤務費用の発生（不利）】
 （借）退職給付に係る    100   （貸）退職給付に      100
       調整額（その他             係る負債
       の包括利益）
```

(注) 個別財務諸表上はこの仕訳は不要です（費用処理等のみが行われます）。

3．損益計算書上の見え方

　過去勤務費用の発生自体には，損益影響はありません。ただし，連結財務諸表上は，（連結）包括利益計算書において，未認識過去勤務費用の変動がその他の包括利益に影響します。

　一方，過去勤務費用の費用処理（または費用の減額処理）時には，退職給付費用を通じて損益計算書に影響します。

4．貸借対照表上の見え方

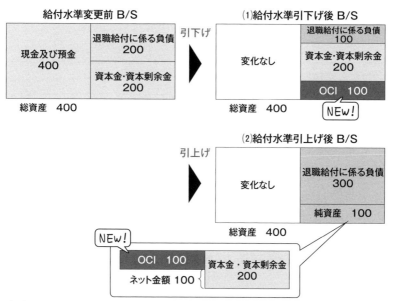

（注）OCI部分は，実際にはその一部が費用（の減額）処理を通じて利益剰余金に影響します。

　上図のとおり，貸借対照表の見え方として，退職給付に係る負債の残高が変動すること，また変動の一部は費用（の減額）処理されることなどは，年金資産の時価変動の場合（**ケース19**参照）と同様です。違いは，上図では見えませんが，退職給付に係る負債の構成要素として，退職給付債務側が変動するか，年金資産側が変動するかという点のみです。

5．将来の財務数値への影響

　上記 1．のとおり，過去勤務費用は，平均残存勤務期間以内の一定の年数で按分した額を毎期費用処理（または費用の減額処理）することとされています。したがって，将来の影響としては数理計算上の差異（**ケース19参照**）と同様であり，制度変更により退職給付債務が減額された場合には，有利な過去勤務費用が認識され，将来にわたって退職給付費用を減額する効果があります。逆に，不利な過去勤務費用が認識された場合には，将来の退職給付費用を増額する形になります。

　このように，過去における制度変更が，累積的に将来の損益に影響するという構造に注意が必要です。

ケース21	退職給付信託を設定する

　例えば：退職給付に充てるため，保有する上場有価証券を信託銀行に信託する

1．概　要

　企業の退職給付制度について，例えば，企業年金などが積立不足の状況にある場合，その積立不足を埋めるために，上場有価証券などの資産を信託に拠出するケースがあります。

　このような退職給付目的の信託（退職給付に充てる目的で，保有資産を信託銀行などの直接受託機関に信託すること）を「退職給付信託」と呼び，一定の要件を満たしている場合，会計上の「年金資産」に該当するものとして取り扱われます。つまり，退職給付信託を設定することで，年金資産が増え，退職給付引当金（退職給付に係る負債）が減少するということです。

　そして，上場有価証券などの信託財産を会計上の年金資産とするケースでは，企業からその資産が時価で拠出された場合と同様の会計処理を行います。つまり，その投資有価証券を時価で売却するのと同様の処理であり（**基本ケース⑥参照**），一般的には損益（退職給付信託設定損益）が発生します。

2．仕訳イメージ

投資有価証券（帳簿価額100，時価200）を退職給付信託に拠出する場合の仕訳イメージは以下のとおりです。

（借）退職給付引当金	200	（貸）	投資有価証券	100	
			退職給付信託設定損益	100	（差額）

3．損益計算書上の見え方

【退職給付信託設定前】			【退職給付信託設定後】	
経常利益	0		経常利益	0
特別利益	0	➡	特別利益	100
			退職給付信託設定益	100
特別損失	0		特別損失	0
税引前利益	0		税引前利益	100

損益計算書上の見え方は，投資有価証券の売却損益と同様です（**基本ケース⑥**参照）。上記の例では特別利益が計上されていますが，信託設定される投資有価証券の含み損益の状況によっては，特別損失（退職給付信託設定損）が計上される場合もあります。

4．貸借対照表上の見え方

（注）信託に拠出されるのは，基本的に上場有価証券になるので，実際には対応する「その他有価証券評価差額金」が計上されており，退職給付信託の設定に伴い，それが「退職給付信託設定損益」に振り替わる形になります。

5．将来の財務数値への影響

退職給付信託の設定後は，上場有価証券などの保有資産は年金資産として取り扱われるため，その運用収益などは，直接的には将来の損益に影響しません。しかしながら，年金資産の実際運用収益として，**ケース19**の数理計算上の差異を構成するため，将来の退職給付費用の増減を通じて，間接的に損益に影響することになります。

ケース22	厚生年金基金の代行部分を返上する

例えば：厚生年金基金の代行給付の支給義務を国に返上する

1．概　要

確定給付型の企業年金には，確定給付企業年金と厚生年金基金がありますが（**ケース18参照**），このうち厚生年金基金の大きな特徴として，国の厚生年金の一部（老齢厚生年金）の代行があります。いわゆる「代行返上」とは，この代行部分を国に返上することを指します（正確には，確定給付企業年金法に基づき，厚生年金基金を確定給付企業年金へ移行し，厚生年金基金の代行部分を返上することを意味します）。

代行返上を行う場合，代行部分に係る退職給付債務は，返還の日に消滅を認識します。単純にいうと，代行返上によって，企業にとっての債務が減少するということです。

しかしながら，実際の返還までにはいくつかのプロセスがあり，代行返上を行うためには，厚生労働大臣により，代行部分に係る(1)将来分返上に関する認可と(2)過去分返上に関する認可を受け，所定の手続を経て，(3)返還額（最低責任準備金）を国に現金または現物で納付する必要があります。

これら各プロセスについては，それぞれ以下のように会計処理することとされています。

プロセス	会計処理
(1)　将来分返上認可	「認可の直前の代行部分に係る退職給付債務」と「将来分支給義務免除を反映した退職給付債務」との差額を過去勤務費用（ケース20参照）として認識する
(2)　過去分返上認可	「過去分返上認可の直前の代行部分に係る退職給付債務」を「国への返還相当額」まで修正し，その差額を特別損益に純額で計上し，対応する未認識項目（未認識過去勤務費用や未認識数理計算上の差異など）も損益として認識する
(3)　返還	上記(2)で修正された退職給付債務と実際返還額との間に差額が生じた場合には，原則として，その差額を損益に計上する

2．仕訳イメージ

　(1)将来分返上認可時点で，代行部分に係る退職給付債務が500から450に減少し，(2)過去分返上認可時点で返還相当額が350，(3)返還時点で実際返還額が355である場合の仕訳イメージは以下のとおりです（税効果，未認識項目の損益認識や退職給付費用の計上などは無視します。また，下記**4．**では，当初の厚生年金基金全体の「退職給付に係る負債」が300であったと仮定します）。

```
【(1)　将来分返上認可時点】
　（借）退 職 給 付 に　　50　　（貸）退職給付に係る　　50
　　　　　係 る 負 債　　　　　　　　調整額（その他
　　　　　　　　　　　　　　　　　　の包括利益）
【(2)　過去分返上認可時点】
　（借）退 職 給 付 に　　100　（貸）厚生年金基金　　100
　　　　　係 る 負 債　　　　　　　　代行返上損益
【(3)　返還時点】
　（借）厚 生 年 金 基 金　5　　（貸）退 職 給 付 に　　5（注）
　　　　　代 行 返 上 損 益　　　　　係 る 負 債
```

（注）退職給付債務350が消滅する一方，年金資産355（実際返還額）も減少するため，退職給付に係る負債が5だけ増加することになります。

　ダイレクトに損益に反映されるのは，「過去分返上認可の直前の代行部分に係る退職給付債務」450と「実際返還額」355との差額95（利益）です（上記仕訳では，これが100の代行返上益と5の代行返上損に分解されています）。単純にいうと，450の債務を（代行返上という形で）決済するのに，355の実際返還額しか必要なかったということです。

3. 損益計算書上の見え方

【代行返上前】		【代行返上後】	
経常利益	0	経常利益	0
特別利益	0	特別利益	95
		厚生年金基金代行返上益	95
特別損失	0	特別損失	0
税引前利益	0	税引前利益	95

4. 貸借対照表上の見え方

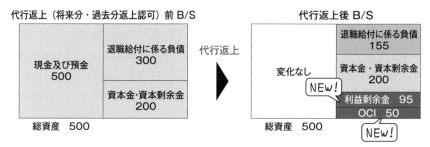

代行返上（将来分・過去分返上認可）前 B/S　　代行返上後 B/S

上図のとおり，代行部分を返上しても，退職給付制度自体は残るので，退職給付に係る負債がゼロになるわけではありません。また，返還はあくまでも厚生年金基金から行われるため，企業のキャッシュは直接的には動きません。

ケース23	厚生年金基金を解散する

例えば：厚生年金基金制度の見直しを受けて，自社単独の厚生年金基金を解散する

1. 概 要

確定給付型の企業年金には，確定給付企業年金と厚生年金基金がありますが（ケース18参照），このうち厚生年金基金は，現在では新規の設立は認められず，解散が進められている状況です。

厚生年金基金の解散は，退職金規程の廃止などと同様，退職給付債務が支払等を伴って減少するものであるため，退職給付制度の「終了」に該当します。

この場合，退職給付制度の終了の時点で，「終了した部分に係る退職給付債務」
と「その減少分相当額の支払等の額」（年金資産からの支給または分配など）
との差額を損益として認識します。また，終了部分に対応する未認識項目（未
認識過去勤務費用や未認識数理計算上の差異など）も損益として認識します。
　この場合，上記による損益は，原則として特別損益に純額で表示されます。

2．仕訳イメージ

　厚生年金基金（退職給付債務1,000，年金資産900，未認識項目なし）を解散
し，それに伴う企業の負担（積立不足の穴埋め負担）が200発生する場合の仕
訳イメージは以下のとおりです。

| （借）退職給付に係る
　　　負債（注） | 100 | （貸）現金及び預金 | 200 |
| 退職給付制度
終了損益 | 100 | | |

（注）もともと退職給付債務1,000と年金資産900の差額100が退職給付に係る負債として計上
　　　されています。

3．損益計算書上の見え方

【厚生年金基金解散前】		【厚生年金基金解散後】	
経常利益	0	経常利益	0
特別利益	0	特別利益	0
特別損失	0	特別損失	100
		退職給付制度終了損	100
税引前利益	0	税引前利益	▲100

4．貸借対照表上の見え方

厚生年金基金解散前 B/S

現金及び預金 400	退職給付に係る負債100
	資本金・資本剰余金 200
	利益剰余金　100

総資産　400

基金解散

厚生年金基金解散後 B/S

現金及び預金 200	退職給付に 係る負債の消滅
	資本金・資本剰余金 200
企業負担による 補填	損失計上

総資産　200

厚生年金基金の解散により，もともとあった退職給付に係る負債が消滅するため，その部分だけを見れば，一般に貸借対照表はスリムになると考えられます。

ケース24	確定拠出制度に掛金を拠出する

例えば：確定拠出年金（DC）に掛金を拠出する

1．概　要

企業の退職給付制度には，会計上，確定給付制度と確定拠出制度がありますが，企業年金のうち確定拠出年金は，確定拠出制度に分類されます。

ここで，「確定拠出制度」とは，一定の掛金を外部に積み立てるもので，事業主である企業が，その掛金以外に追加的な拠出義務を負わない退職給付制度をいいます。

このような確定拠出制度においては，制度に基づく要拠出額をもって，退職給付費用として費用処理されます。したがって，要拠出額のうち，拠出した額はそのまま費用処理され，未拠出の額は未払金として計上されます。

逆にいうと，確定拠出制度の場合，未払金という負債勘定が短期間計上される場合があるのみで，確定給付制度のように退職給付引当金（退職給付に係る負債）が計上されることはありません。

2．仕訳イメージ

確定拠出制度の要拠出額が200，うち実際の拠出額が100（つまり，未拠出額が100）である場合の仕訳イメージは以下のとおりです。

（借）退職給付費用	200	（貸）現金及び預金	100
		未　払　金	100

3．損益計算書上の見え方

【確定拠出制度への掛金拠出・未払計上前】		【掛金拠出・未払計上後】	
売上高	0	売上高	0
売上原価	0	売上原価	0

売上総利益	0	売上総利益	0
販売費及び一般管理費	0 ➡	販売費及び一般管理費	200
営業利益	0	営業利益	▲200

　確定給付制度の場合と異なり，確定拠出制度への掛金の拠出（及び未払計上）はそのまま費用処理されるため，損益計算書にダイレクトに影響します。つまり，確定給付制度のように，「退職給付費用及び引当金の計上→キャッシュ・アウトに伴う引当金の取崩し」というプロセスはないということです。

4．貸借対照表上の見え方

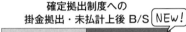

確定拠出制度への
掛金拠出・未払計上前 B/S

現金及び預金 400	資本金・資本剰余金 200
	利益剰余金 200

総資産　400

掛金の拠出
＆未払計上

確定拠出制度への
掛金拠出・未払計上後 B/S NEW!

現金及び預金 300	未払金　100
	資本金・資本剰余金 200
掛金の拠出	損失計上（の一部）

総資産　300

5．将来の財務数値への影響

　確定拠出制度の場合，企業は一定の掛金を外部に積み立てるのみで，追加的な拠出義務は負わないため，確定給付制度のような将来の財務数値への影響はありません。将来の掛金の拠出が随時費用処理されていくのみです。

ケース25	退職一時金制度から確定拠出制度へ移行する

　例えば：退職給付制度について，退職一時金制度から確定拠出年金制度に切り替える

1．概　要

　企業が退職給付制度を切り替えて，退職一時金制度（確定給付制度）から確定拠出年金制度（確定拠出制度）に移行する場合，確定拠出年金制度に資産を移す必要があります。このような資産の移換については，一定期間にわたり分割して行うこととされています。

　会計上，確定拠出年金制度への資産の移換は，退職給付制度の「終了」に該当します。すなわち，（旧制度である退職一時金制度に係る）退職給付債務が消滅するため，退職給付制度の終了の時点で，「終了した部分に係る退職給付債務」と，「その減少分相当額の支払い等の額」との差額を，特別損益として認識することになります（終了部分に対応する未認識項目についても損益として認識する。**ケース23**参照）。

　この場合，退職給付制度の終了に該当することとなるのは，実際に分割して移換した時点ではなく，企業からの移換額が確定した時点とされているため，移換金（現金拠出）の確定額は，企業において「未払金」等として計上されます。

２．仕訳イメージ

　(1)退職一時金制度（退職給付債務200）を確定拠出年金制度へ移行し，それに伴う事業主から確定拠出年金制度へ移換額が210で確定した場合，また，その後に(2)移換金を実際に支払った場合の仕訳イメージは以下のとおりです。

```
【(1)　移換額確定時】
　（借）退職給付に　　200　　（貸）（長期）未払金　210
　　　　係る負債
　　　　退職給付制度　　10
　　　　終了損益
【(2)　移換額支払時】
　（借）（長期）未払金　210　　（貸）現金及び預金　210
```

３．損益計算書上の見え方

(1)　移換額確定時

【確定拠出制度移行（移換金確定）前】		【確定拠出制度移行後】	
経常利益	0	経常利益	0
特別利益	0	特別利益	0
特別損失	0	特別損失	10
		退職給付制度終了損	10
税引前利益	0	税引前利益	▲10

　上記の損益計算書では，特別損失が計上されていますが，もちろん退職給付

債務と移換金の大小関係によっては，特別利益（退職給付制度終了益）が計上される場合もあります。また，実際には，未認識項目の損益認識などの影響もあります。

⑵　移換額支払時
　　影響なし。

4．貸借対照表上の見え方

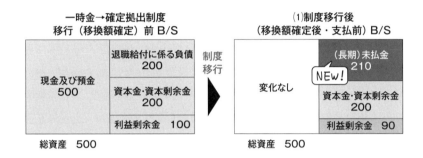

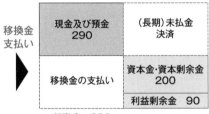

　確定拠出制度への移行により，もともとあった退職給付に係る負債が消滅するため，貸借対照表はスリムになります。

5．将来の財務数値への影響

　確定拠出制度への切替後は，企業は一定の掛金を外部に積み立てるのみで，追加的な拠出義務は負いません（**ケース24**参照）。したがって，将来の掛金の拠出随時費用処理されていく形になります。

ケース26	確定給付企業年金制度の一部を確定拠出制度へ移行する

例えば：退職給付制度について，確定給付企業年金制度の一部を確定拠出年金制度に切り替える

1．概　要

　企業が退職給付制度を切り替えて，確定給付年金制度（確定給付制度のうち退職一時金制度を除くもの）の全部または一部について，確定拠出年金制度（確定拠出制度）に移行する場合，確定拠出年金制度に資産を移す必要があります。

　会計上，このような確定拠出年金制度への資産の移換は，旧退職給付制度の（全部または一部の）「終了」に該当します。そのため，退職給付制度の終了の時点で，「終了した部分（旧制度）に係る退職給付債務」と，「その減少分相当額の支払い等の額」との差額を，特別損益として認識することになります（終了部分に対応する未認識項目についても損益として認識する。**ケース23**参照）。

2．仕訳イメージ

　確定給付企業年金制度の一部を確定拠出年金制度へ移行した場合で，移行により旧制度の退職給付債務が400減少する一方，年金資産のうち500が新制度に移換される場合の仕訳イメージは以下のとおりです（数値の動きは下表のとおりと仮定し，未認識項目は無視します）。

項目	移行前	移行後	増減
退職給付債務	1,000	600	−400
年金資産	900	400	−500
退職給付に係る負債	100	200	+100

（借）退職給付制度終了損益	100	（貸）退職給付に係る負債	100

（注）上表のとおり，退職給付に係る負債は移行前後で100の増額になります（移行後残高200）。

3．損益計算書上の見え方

【確定拠出制度への一部移行前】		【確定拠出制度への一部移行後】	
経常利益	0	経常利益	0
特別利益	0	特別利益	0
特別損失	0	特別損失	100
		退職給付制度終了損	100
税引前利益	0	税引前利益	▲100

　上記の例では，確定給付年金制度の終了時点の損益が特別損失として計上されていますが，もちろん実際には特別利益（退職給付制度終了益）が計上される場合もあります。

4．貸借対照表上の見え方

確定拠出制度への一部移行前 B/S

	退職給付に係る負債100
現金及び預金 400	資本金・資本剰余金 200
	利益剰余金　100

総資産　400

一部移行

確定拠出制度への一部移行後 B/S

	退職給付に係る負債 200
変化なし	資本金・資本剰余金 200

総資産　400

　上図では，確定給付企業年金制度の残存部分に係る負債（移行後も残る退職給付に係る負債200）が一時的に増加しています。

　しかしながら，確定拠出制度への移行により，確定給付制度のボリュームは小さくなっているので（つまり，対応する退職給付に係る負債が消滅するので），長期的な視点で見れば，貸借対照表はスリムになるはずです。

5．将来の財務数値への影響

　ケース25をご参照ください。

ケース27	早期退職制度を導入する

例えば：人員削減の一環として，早期退職制度を導入し，退職者に割増退職金を支払う

1．概　要

　企業は，人員削減などを目的として，早期退職制度を導入し，それに基づいて割増退職金を支払うケースがあります。

　通常の退職金の支払いは退職給付引当金を取り崩す形で支払われますが（つまり，支払時点で費用は計上されない。**ケース17**参照），一時的に支払われる早期割増退職金（退職給付見込額の見積りに含まれていないもの）については，従業員が早期退職金制度に応募し，かつ，その金額が合理的に見積られる時点で費用処理します。

　このように通常と異なる会計処理となるのは，早期割増退職金については，通常の退職給付という性格よりは，むしろ将来の勤務を放棄する代償，失業期間中の補償といった性格を有すると考えられるためです。

2．仕訳イメージ

　通常の退職金100に加えて，早期割増退職金100を支払う場合の仕訳イメージは以下のとおりです。

（借）退職給付引当金	100	（貸）現金及び預金	200
（早期)割増退職金	100		

3．損益計算書上の見え方

【(割増)退職金支払前】		【(割増)退職金支払後】	
経常利益	0	経常利益	0
特別利益	0	特別利益	0
特別損失	0 ➡	特別損失	100
		（早期)割増退職金	100
税引前利益	0	税引前利益	▲100

　あらかじめ退職給付引当金を設定している部分に損益影響はなく，割増部分

のみが損益計算書に影響します。実務上は，特別損失として計上される「構造改革費用」などの一部に割増退職金が含まれているケースもあります。

4．貸借対照表上の見え方

（割増）退職金支払前 B/S

現金及び預金 400	退職給付引当金　100
	資本金・資本剰余金 200
	利益剰余金　100

総資産　400

（割増）退職金支払い

（割増）退職金支払後 B/S

現金及び預金 200	引当金の取崩し
	資本金・資本剰余金 200
退職金の支払い	損失計上

総資産　200

| ケース28 | 役員退職慰労金制度を廃止する |

例えば：役員退職慰労金制度を廃止し，慰労金の支給は役員の退任まで留保する

1．概　要

　役員退職慰労金制度を持つ企業の場合，役員に対して退職慰労金を支払うケースがあります。

　この役員退職慰労金は，役員退職慰労金規程（内規）などに基づいて支払われますが，一般に株主総会の承認決議前の段階では，法律上は債務ではありません。しかしながら，内規に基づき期末要支給額を合理的に算定できるなど，引当金の要件を満たす場合には，「役員退職慰労引当金」が設定されます。

　近年は役員退職慰労金制度を廃止する企業も多いですが，その場合，①制度の廃止に伴い，株主総会において承認決議を行うケースと，②廃止時点においては株主総会での承認決議を行わず，役員の退任時に承認決議を行うケースが考えられます。

　役員退職慰労引当金を設定していた企業が役員退職慰労金制度を廃止する場合，上記①②のそれぞれの場合において，以下のように会計処理を行うこととされています。

① 制度の廃止時点で株主総会の承認決議を行うケース

このケースで，役員の退任時まで承認済の慰労金の支給を留保する場合[注]，その支払留保金額は，退任時点に支払うという条件付きの（金額確定）債務であると考えられるため，株主総会での承認決議後，実際に支払われるまでの間は，原則として「長期未払金」（1年以内に支給されることが確実である場合には「未払金」）として表示されます。

[注] 株主総会での承認決議後に打切支給することも可能ですが，税務上の理由から，通常は役員の退任まで支払いを留保することが多いと思われます。

② 制度の廃止時点では株主総会の承認決議を行わないケース

このケースでは，株主総会決議を得ておらず，法律上は債務となっていないため，引き続き「役員退職慰労引当金」として表示されます。

2．仕訳イメージ

役員退職慰労金制度の廃止について，①株主総会で支給200の承認決議を行うケース（退任時まで支給を留保する場合）の仕訳イメージは以下のとおりです（②株主総会で承認決議を行わない場合は，役員への支給時まで「仕訳なし」であるため，以下の解説は割愛します）。

【(1) 株主総会における承認決議時】
　　（借）役員退職慰労引当金　　200　　（貸）長期未払金　　200

【(2) 役員への支給時】
　　（借）長期未払金　　200　　（貸）現金及び預金　　200

3．損益計算書上の見え方

影響なし。

4．貸借対照表上の見え方

役員退職慰労金制度廃止前 B/S

| 現金及び預金 400 | 役員退職慰労引当金 200 |
| | 資本金・資本剰余金 200 |

総資産　400

制度廃止

⑴制度廃止後（役員退職慰労金支給前）B/S

| 変化なし | NEw! （長期）未払金 200 |
| | 資本金・資本剰余金 200 |

総資産　400

⑵役員退職慰労金支給後 B/S

慰労金支給

| 現金及び預金 200 | （長期）未払金 決済 |
| 役員退職慰労金 の支給 | 資本金・資本剰余金 200 |

総資産　200

5．将来の財務数値への影響

　役員退職慰労金制度の廃止後は，引当金への繰入額が発生しないので，その分だけ役員関係のコストが減少することになります。

4 設備投資・無形資産投資

基本ケース④ 設備投資を行い，減価償却し，最終的に除却する

1．概　要

　メーカーの場合，設備投資を行い，その設備を用いて製造活動を行うという基本的な活動があり，その間，設備は時の経過に応じて減価償却され，最終的に除却（または売却）されます。

　減価償却は，有形固定資産や無形固定資産（のうち減価償却資産）の費用配分方法と整理できます。減価償却にあたっては，減価償却資産の実態に合わせて，償却方法や耐用年数を決定する必要がありますが，償却方法としては，多くの場合，定額法か定率法が採用されています。

　継続的な視点で見ると，固定資産の残高は減価償却により年々目減りしていく一方，設備投資による増加がそれを相殺するような形になります。その意味で，設備投資が企業規模に与える影響は，減価償却との関係で見るのが一般的です。例えば，大規模な新規投資を行えば，減価償却による減少幅を超えて固定資産が増加し，企業規模が拡大することになります。このような観点から，決算説明においても，減価償却費との対比で設備投資額を示しているケースがよくあります。

　なお，減価償却費と設備投資の関係についてさらにいうと，損益影響があるのは減価償却費ですが，キャッシュ・フローの観点では設備投資のほうが重要です。実際に，企業の設備投資には投資家も着目しており，財務モデルや投資価値評価上でも将来の設備投資（資本的支出やcapex（capital expenditure）と呼ばれることもあります）は必要な変数になります。

2．仕訳イメージ

　(1)有形固定資産300に投資し，(2)減価償却費100を販売費及び一般管理費に計上し，その後，(3)最終的に帳簿価額が100になった段階で除却する場合の仕訳イメージは以下のとおりです。

【(1)　設備投資】
　（借）有形固定資産　　　300　　（貸）現金及び預金　　　300
【(2)　減価償却（1年あたり）】
　（借）減 価 償 却 費　　　100　　（貸）有形固定資産(注)　　100
【(3)　除却】
　（借）固定資産除却損　　100　　（貸）有 形 固 定 資 産　　100

(注)「減価償却累計額」として，有形固定資産から間接控除する形で表示する場合もあります。

3．損益計算書上の見え方

(1)　設備投資時点

　影響なし。ただし，少額の固定資産（例えば，PCなど）などへの投資で，固定資産としては計上されず，費用処理されるものが多い場合には，設備投資時点で損益影響が生じることもあります。

(2)　減価償却時点

【減価償却前】		【減価償却後】	
売上高	0	売上高	0
売上原価	0	売上原価	0
売上総利益	0	売上総利益	0
販売費及び一般管理費	0　➡	販売費及び一般管理費	100
営業利益	0	営業利益	▲100

　上記の損益計算書のように，減価償却費が販売費及び一般管理費に計上されるのは，例えば本社建物など製造に関係しない固定資産です。一方，**基本ケース②**で見たとおり，製造設備の減価償却費については，製造原価に含まれて棚卸資産（仕掛品→製品）となるため，減価償却時点で直接的に損益計算書に影響するわけではありません。

(3)　除却時点

【固定資産除却前】		【固定資産除却後】	
経常利益	0	経常利益	0

特別利益	0		特別利益	0
特別損失	0	→	特別損失	100
			固定資産除却損	100
税引前利益	0		税引前利益	▲100

　固定資産除却損は，減価償却費とは異なり，特別損失として計上されることが多いと思われますが，固定資産の費用化という意味では，減価償却費と同じ性質のものです。

４．貸借対照表上の見え方

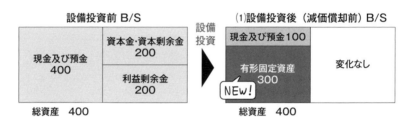

設備投資前 B/S

現金及び預金 400	資本金・資本剰余金 200
	利益剰余金 200

総資産　400

設備投資 ▶

(1)設備投資後（減価償却前）B/S

現金及び預金100	変化なし
有形固定資産 300	

NEW!

総資産　400

減価償却 ▶

(2)1年分減価償却後 B/S

現金及び預金100	資本金・資本剰余金 200
有形固定資産 200	利益剰余金　100
減価償却	損失計上

総資産　300

さらにもう1年
減価償却を実施

▶▶▶

(2年分減価償却後（除却前）B/S)

2年分減価償却後（除却前）B/S

現金及び預金100	資本金・資本剰余金 200
有形固定資産100	

総資産　200

除却 ▶

(3)固定資産除却後 B/S

現金及び預金100	純資産　100
固定資産の除却	損失計上

総資産　100

　上図のとおり，固定資産については，設備投資により増加し，年々の劣化が減価償却という形で表現され，徐々に減少していきます。そして，最終的には除却されて（または償却済みになって），消えていくことになります。

５．将来の財務数値への影響

　設備投資の影響は，減価償却費として損益に表れるので，損益影響は投資タ

イミングより遅れます。言い換えると，多額の設備投資を行った際には，その後の一定期間にわたり，償却負担が発生することになります（特に製造設備に係るものは，製造原価に含まれて棚卸資産となるため，その棚卸資産が販売されて初めて，損益に影響します）。

なお，資金的に見れば，固定資産は減価償却を通じて，最終的にはキャッシュに姿を変えます。製造設備についていえば，減価償却費を含む売上原価に対応する売上により（売掛金を経由して）資金が回収されるということです。そして，その資金をもとに，企業はまた設備投資を行うことになります。

コラム　設備投資による資金負担と償却負担

　企業の決算説明では，「設備の更新投資に伴う減価償却費の負担増が減益要因となった」などの説明が行われる場合があります。すなわち，減価償却費の計上による損益影響は，設備投資タイミングより遅れて表れるため，当期を含めた過去の設備投資が徐々に損益に効いてくる形になります。

　それと同じことですが，「新工場の建設には巨額の投資が必要だったが，大部分の投資は終えており，償却負担も相当程度吸収済みで，すでに維持管理を中心とする費用構造に移行している」といった説明も見られます。これは，減価償却費等による今後の収益圧迫のリスクが小さいことを意味します。

　設備投資については，まずは資金負担が先に発生するため，将来の設備投資計画は資金需要に直結する問題と位置付けられ，投資家への説明が必要になります。しかしながら，損益影響，つまり，過去の設備投資がもたらす償却負担が将来の業績に与える影響についても，上記のような観点から説明を準備しておく必要があります。

基本ケース⑤　固定資産を売却する

1．概　要

　企業は，固定資産に投資するだけではなく，当然ながら固定資産を売却するケースもあります。この場合，売却による収入金額とその帳簿価額の差額は，「固定資産売却損益」として特別損益に計上されます。また，売却に伴う費用についても，固定資産売却損益に含める場合があります。

2．仕訳イメージ

　固定資産300を⑴400で売却する場合（売却益100），及び⑵200で売却する場合（売却損100），それぞれの仕訳イメージは以下のとおりです。

```
【⑴　売却益の場合】
　（借）現 金 及 び 預 金　　400　　（貸）固　定　資　産　　300
　　　　　　　　　　　　　　　　　　　　固定資産売却損益　　100
【⑵　売却損の場合】
　（借）現 金 及 び 預 金　　200　　（貸）固　定　資　産　　300
　　　　固定資産売却損益　　100
```

3．損益計算書上の見え方

⑴　売却益の場合

【固定資産売却前】		【固定資産売却後（売却益）】	
経常利益	0	経常利益	0
特別利益	0	特別利益	100
		固定資産売却益	100
特別損失	0	特別損失	0
税引前利益	0	税引前利益	100

⑵　売却損の場合

【固定資産売却前】		【固定資産売却後（売却損）】	
経常利益	0	経常利益	0
特別利益	0	特別利益	0
特別損失	0	特別損失	100
		固定資産売却損	100
税引前利益	0	税引前利益	▲100

> **コラム　業績悪化と含み益のある固定資産の売却**
>
> 　業績悪化を受けて，遊休不動産などの含み益のある固定資産を売却するケースがありますが，この場合，「損益」と「資金」の両方を考える必要があります。
>
> 　「損益」については，固定資産の売却により含み益が実現します。ただし，固定資産の売却益は一般に特別利益に区分されるため，これにより影響を受けるのは税引前損益（以下）の段階でしかありません。逆にいうと，営業損益や経常損益は影響を受けないということです。しかしながら，最も重要な最終損益には（税引後ベースで）当然影響するので，業績悪化の影響を緩和するために，そのタイミングで固定資産を売却することはありえます。
>
> 　「資金」については，含み益の場合に限らず，売却収入の形でキャッシュ・インフローがあります。例えば，その資金を借入金の返済などの有利子負債の削減に回せば，業績悪化時の財務内容の改善にはプラスの効果があると考えられます。したがって，資金化目的で固定資産を売却する場合には，まず必要資金の額を先に考えて，次に売却損益が損益計算書に与える影響を考える，という手順になります。
>
> 　いずれにせよ，含み益のある固定資産を売却する場合には，「損益」と「資金」，両方への影響について検討するとともに，セットで投資家への説明を考えるのが一般的と思われます。

4．貸借対照表上の見え方

ケース29	減価償却方法を定率法から定額法に変更する

例えば：IFRS導入に備えて，固定資産の減価償却方法を定率法から定額法に変更する

1．概　要

　企業が保有する有形固定資産や無形固定資産（のうち減価償却資産）の費用配分方法として，減価償却があります。減価償却にあたっては，減価償却資産の実態に合わせて，償却方法や耐用年数を決定する必要がありますが，償却方法としては，多くの場合，定額法か定率法が採用されています。

　減価償却方法については，税務メリットの観点から定率法を採用する企業が多かったものの，近年はIFRS導入に備えて，定額法に変更する企業も多く見られます。

　このような減価償却方法の変更は会計方針の変更に該当しますが，過去の期間への遡及適用（新たな会計方針を過去の期間のすべてに遡及適用すること）は行わず，会計上の見積りの変更と同様に取り扱うこととされています。つまり，影響を将来に向けて認識するということです。

　定率法と定額法を比較すると，同時にスタートすれば，当初は定率法のほうが減価償却費の額が大きくなります。したがって，減価償却方法を定率法から定額法に変更する場合で，耐用年数の変更などがなく，単純に期首帳簿価額に対して（定率法に代えて）新たに定額法を適用するようなケースを考えると，変更当初の減価償却費は相対的に小さくなり，営業利益が大きくなるような影響が想定されます。

　なお，減価償却方法の変更は基本的に自発的に行われる会計方針の変更に該当するため，変更にあたっては，正当な理由が求められます。実務的には，「設備の使用水準の平準化」や「安定的な収入を生む事業への集中」など，それらしい契機を挙げたり，「長期安定的な使用実態」を踏まえたりしつつ，「より適切な費用配分」として，定額法への変更が行われています。

2．仕訳イメージ

　減価償却方法の変更時点では特段の会計処理は不要です。

3．将来の財務数値への影響

　減価償却方法の変更については，過去の期間への遡及適用を行わないため，その時点で貸借対照表が何らかの影響を受けるわけではありません。しかしながら，将来的に計上される減価償却費の金額（取得原価の配分パターン）が変化するため，当然ながら，減価償却方法によって将来の損益配分や固定資産の残高の動きが変わってきます。また，減価償却方法は節税効果にも直結するため，税務の視点も必要になります。

　定率法を定額法に変更すると，一般に変更当初は減価償却費の額は小さくなり，営業利益が大きくなるような影響が想定されます。したがって，定額法への変更タイミングを考えるにあたっては，将来の業績見込みも考慮に入れる必要があります。

ケース30	固定資産を圧縮記帳する

**　例えば：所有する土地が収用され，交付を受けた対価補償金で代替資産を取得する**

1．概　　要

　企業が所有する土地が収用され，交付を受けた対価補償金で代替資産を取得する場合など，一定の事由で固定資産を取得するときには，圧縮記帳という課税繰延べのための制度を適用することができます。

　ここで，「圧縮記帳」とは，国庫補助金や工事負担金等により，または交換や収用により固定資産を取得した場合に，受領した金銭などが課税されないよう，その固定資産等の取得価額のうち一定の金額を減額（損金算入）することを認める税務上の制度をいいます。つまり，政策的な課税の繰延制度です。

　圧縮記帳の会計処理としては，(1)直接減額方式と(2)積立金方式があります。ここで，「(1)直接減額方式」とは，固定資産の取得価額から圧縮額を直接減額する方法をいい，「(2)積立金方式」とは，固定資産の取得価額を直接減額するのではなく，圧縮額を積立金として積み立てる（税務上，同金額を減算する）方法をいいます（下記2．参照）。

　このうち，(1)直接減額方式は取得原価主義に適合しないため，会計上は一般

に(2)積立金方式が採用されます。しかしながら，交換による譲渡資産と同一種類，同一用途の固定資産を取得する場合など，一定のケースでは(1)直接減額方式による会計処理が認められています。

2．仕訳イメージ

100の補助金を受けて固定資産400を取得し，(1)直接減額方式または(2)積立金方式により100を圧縮記帳する場合の仕訳イメージは，それぞれ以下のとおりです（実効税率を30％と仮定します）。

【補助金の受領及び圧縮対象固定資産の取得】					
（借）現金及び預金	100	（貸）補助金収入	100		
（借）固定資産	400	（貸）現金及び預金	400		
【(1)　直接減額方式による圧縮記帳】					
（借）固定資産圧縮損	100	（貸）固定資産	100		
【(2)　積立金方式による圧縮記帳（圧縮積立金の積立て）(注)】					
（借）法人税等調整額	30	（貸）繰延税金負債	30		
（借）繰越利益剰余金	70	（貸）固定資産 圧縮積立金	70		

(注) 上記仕訳のとおり，圧縮積立金の積立額（及び取崩額）は，税効果相当額を控除した純額によるため，純資産の部に計上する圧縮積立金についても，繰延税金負債控除後の純額になります。

仕訳で見ると，(1)直接減額方式のほうがわかりやすいですが，税務上の損金処理（＝会計上の費用処理100）が補助金等の受入れによる益金を相殺するため，その時点では所得（課税）が発生しません。端的には，これが圧縮記帳の効果です。

3．損益計算書上の見え方

(1)　直接減額方式による圧縮記帳

【直接減額方式による圧縮記帳前】		【直接減額方式による圧縮記帳後】	
経常利益	0	経常利益	0
特別利益	0	特別利益	100
		補助金収入	100
特別損失	0	特別損失	100
		固定資産圧縮損	100
税引前利益	0	税引前利益	0

　直接減額方式の場合，固定資産の圧縮時点で特別損失が計上されます。上記の損益計算書では補助金収入を特別利益に表示しているので，特別損益内でちょうどそれと相殺される形になります。

(2) 積立金方式による圧縮記帳

【積立金方式による圧縮記帳前】		【積立金方式による圧縮記帳後】	
経常利益	0	経常利益	0
特別利益	0	特別利益	100
		補助金収入	100
特別損失	0	特別損失	0
税引前利益	0	税引前利益	100

　積立金方式の場合，補助金収入が計上されるのみで，圧縮記帳による損益計算書への直接的な影響はありません。ちなみに，繰延税金負債の計上に伴い計上される税金費用（法人税等調整額）30（上記2．参照）については，この税引前利益100に対応していると解釈できます。

4．貸借対照表上の見え方

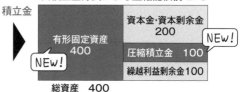

（注）積立金方式の場合，実際には，付随する繰延税金負債の計上が必要です。

5．将来の財務数値への影響

(1)直接減額方式の場合，固定資産の圧縮時点で固定資産圧縮損（特別損失）が計上されますが，同時に固定資産の帳簿価額も減額されるので，将来の減価償却費は相対的に小さくなります。つまり，一時に計上された固定資産圧縮損は，固定資産の耐用年数にわたって，相対的に小さな減価償却費により取り返されることになります。

一方，(2)積立金方式の場合，固定資産の帳簿価額が直接圧縮されるわけではないので，将来的な損益影響もありません。将来においても通常の減価償却費が計上されるだけです。

| ケース31 | 固定資産を特別償却する |

例えば：革新的情報産業活用設備を取得し，取得価額の30％相当額の特別償却を行う

1．概　要

企業が一定の政策的要請（例えば，IT投資の促進）に寄与する減価償却資産（例えば，革新的情報産業活用設備）を取得する場合，税務上，特別償却という制度を利用できるケースがあります。

ここで，「特別償却」とは，通常の減価償却に加えて追加の（特別）償却も認めることで，減価償却スケジュールを早める（つまり，早期に損金算入を認める）税務上の制度をいいます。

このように，税務上は認められる特別償却ですが，会計上は期間損益計算を歪めるため，特別償却により追加の減価償却を計上することは認められません。

そこで，特別償却を行って税務メリットを取りたい場合，会計上は積立金方式により会計処理を行います（税効果も含めて，圧縮記帳の場合と同様。**ケース30**参照）。すなわち，剰余金の処分により「特別償却準備金」を積み立て，税務上はその積み立てた金額を損金算入するということです。これにより，会計上は通常の減価償却費しか計上されないものの，税務上は特別償却による税務メリットが取れることになります。

2．仕訳イメージ

　固定資産400を取得し，通常の減価償却100，積立金方式による特別償却100を行う場合の仕訳イメージは以下のとおりです（実効税率を30％と仮定します）。

```
【固定資産の取得】
　（借）固 定 資 産　　400　　（貸）現 金 及 び 預 金　　400
【通常の減価償却】
　（借）減 価 償 却 費　　100　　（貸）固 定 資 産　　100
【積立金方式による特別償却（特別償却準備金の積立て）】
　（借）法人税等調整額　　 30　　（貸）繰 延 税 金 負 債　　 30
　（借）繰越利益剰余金　　 70　　（貸）特 別 償 却 準 備 金　　 70
```

3．損益計算書上の見え方

【普通償却＋特別償却前】

売上高	0
売上原価	0
売上総利益	0
販売費及び一般管理費	0
営業利益	0

【普通償却＋特別償却後】

売上高	0
売上原価	0
売上総利益	0
販売費及び一般管理費	100
営業利益	▲100

　通常の減価償却100については，営業損益に反映されます（**基本ケース④**参照）。

　一方，積立金方式による特別償却については，会計上で追加の減価償却費が計上されるわけではないので，損益計算書には影響がありません。繰延税金負債の計上に伴い税金費用（法人税等調整額）は計上されますが，それは特別償却積立金の積立てによる税金負担（法人税，住民税及び事業税）の軽減と相殺され，全体として税金費用はゼロになります。

4．貸借対照表上の見え方

普通償却＋特別償却前 B/S

有形固定資産 400	資本金・資本剰余金 200
	利益剰余金 200

総資産　400

減価償却

普通償却＋（積立金方式による）特別償却後 B/S

有形固定資産 300	資本金・資本剰余金 200
	特別償却準備金100
普通償却	損失計上　NEW!

総資産　300

（注）実際には，付随する繰延税金負債の計上が必要です。

5．将来の財務数値への影響

　積立金方式により特別償却を行った場合，それにより固定資産の帳簿価額が影響を受けるわけではないので，将来的な損益影響もありません。会計上は将来においても通常の減価償却費が計上されるだけです。

ケース32	固定資産が遊休化する

例えば：生産ラインの変更に伴って製造設備の一部が遊休化する

1．概　要

　生産ラインの変更に伴って製造設備の一部を使用しなくなる場合など，企業が保有する固定資産が遊休化するケースがあります。この場合，将来の使用見込みがあるかどうかにより，会計処理が変わってきます。

　将来の使用見込みがない場合，一般に減損会計上の遊休資産として，減損処理の対象となります。具体的には，その遊休資産を他の資産や資産グループから切り離し，正味売却価額を基礎として単独で減損処理を行うことになります（減損処理については**ケース33**参照）。

　一方，現在使用を休止している資産であっても，将来における再使用の見込みに客観的な裏付けがあり，かつ設備としての機能を現に有している固定資産については，いわゆる「休止固定資産」として，減価償却を行います（もちろん，通常の減損処理の要否の検討は必要になります）。ここでいう再使用見込みの客観的な裏付けとは，例えば，保守管理の継続や事業計画における稼働予

定等が該当します。

　このような休止固定資産の減価償却については，事業に供されていないという意味で通常の固定資産と異なることから，その減価償却費は原則として営業外費用として処理されます。

2．仕訳イメージ

　遊休化した固定資産が「休止固定資産」に該当し，これまで販売費及び一般管理費として計上していた減価償却費100を営業外費用として計上する場合の仕訳イメージは以下のとおりです（減損処理については無視します）。

| （借）減価償却費
　　　（営業外費用） | 100 | （貸）減価償却費
　　　（販売費及び
　　　　一般管理費） | 100 |

（注）営業外費用の減価償却費については，「休止固定資産減価償却費」のように内容が明記される場合もあります。

3．損益計算書上の見え方

【固定資産遊休化前】		【固定資産遊休化後】	
売上高	0	売上高	0
売上原価	0	売上原価	0
売上総利益	0	売上総利益	0
販売費及び一般管理費	100 ➡	販売費及び一般管理費	0
営業利益	▲100	営業利益	0
営業外収益	0	営業外収益	0
営業外費用	0	営業外費用	100
支払利息	0 ➡	支払利息	0
		休止固定資産減価償却費	100
経常利益	▲100	経常利益	▲100

　上記の例では，販売費及び一般管理費が営業外費用に振り替えられていますが，遊休化した製造設備など，製造関係の減価償却費であれば，製造原価（売上原価）が営業外費用に振り替えられることになります。いずれにせよ，営業外費用への振替前に比べると，営業損益が改善する形になりますが（経常損益は不変），これは，休止固定資産という，事業に貢献していない資産に関する費用を営業損益の計算から除外した結果と解釈できます。

4．貸借対照表上の見え方

固定資産が遊休化しても，貸借対照表には影響はありません。

5．将来の財務数値への影響

遊休化した固定資産については，上記の減価償却費の計上区分の問題のほか，その時点または将来における減損リスクが高くなります。詳細については**ケース33**をご参照ください。

ケース33	固定資産を減損処理する

例えば：固定資産が使用されている事業の収益性の大幅な低下を受けて，固定資産を減損処理する

1．概　要

企業が保有する固定資産については，それが使用されている事業の収益性が大幅に低下した場合など，減損処理が行われるケースがあります。

ここで，固定資産の「減損」とは，資産の収益性の低下により投資額の回収が見込めなくなった状態を指し，「減損処理」とは，そのような場合に，一定の条件の下で回収可能性を反映させるように帳簿価額を減額する会計処理をいいます。単純にいうと，他の資産と同様，固定資産について，貸借対照表上の金額のうち回収が見込まれない部分を切り下げる処理です。

日本の会計基準における手順としては，まず，資産（または資産グループ）に減損の兆候がある場合には，その資産等について，減損損失を認識するかどうかの判定を行います。これは，「資産等から得られる割引前将来キャッシュ・フローの総額」と「帳簿価額」を比較することによって行い，前者が後者を下回る場合には，帳簿価額を「回収可能価額」（資産等の「正味売却価額」と「使用価値」のいずれか高い方の金額）まで減額し，その減少額を減損損失として当期の損失とします。

固定資産の場合，回収という言葉がしっくりこない面はありますが，要は「キャッシュに変える」ということで，具体的には，売却してキャッシュに変えるか，使用してキャッシュ・フローを生み出すか，のいずれかです。前者が

上記の正味売却価額に対応し，後者が上記の使用価値に対応します。売却による回収は，一時点における回収ですが，使用による回収は，将来にわたる継続的な回収と整理できます。

コラム　説明しづらい減損損失の発生要因

　減損損失が計上されるケースでは，前提として資産（または資産グループ）に減損の兆候が生じています。「減損の兆候」としては，経営環境の著しい悪化や資産等の市場価格の著しい下落などのほか，「その資産等が使用されている営業活動から生ずる損益またはキャッシュ・フローが，継続してマイナスとなっている（またはその見込みである）」ことも該当します。また，投資計画の中止や変更に関係して，「資産等が当初予定と異なる用途に転用されることや，遊休状態になったこと」も減損の兆候として例示されています。

　ここからわかるように，減損損失の発生要因は，本来外部に出したくない性質のものです。しかしながら，それはどうしても注記や決算説明で表に出さざるをえないため，説明の仕方はよく考えておく必要があります。といっても，なかなか減損損失の計上を前向きに説明するのは難しいので，とにかくタイムリーに，淡々と正確な情報を提供することが重要ではないかと思います。逆に「懸案だった含み損失を一掃しました！」というような過度にポジティブな説明は，個人的には少し怪しさを感じてしまいます。

2．仕訳イメージ

　固定資産の減損損失を100計上する場合の仕訳イメージは以下のとおりです。

（借）減　損　損　失	100	（貸）固　定　資　産	100

3．損益計算書上の見え方

【固定資産減損処理前】		【固定資産減損処理後】	
経常利益	0	経常利益	0
特別利益	0	特別利益	0
特別損失	0	特別損失	100
	→	減損損失	100
税引前利益	0	税引前利益	▲100

　減損損失は特別損失に計上されますが，固定資産を費用化するという意味で

は，減損損失も減価償却費も同じことであり，さらにいえば除却損（**基本ケース④参照**）も同じです。

4．貸借対照表上の見え方

固定資産減損処理前 B/S

固定資産 300	資本金・資本剰余金 200
	利益剰余金　100

総資産　300

減損処理

固定資産減損処理後 B/S

固定資産 200	資本金・資本剰余金 200
減損処理	損失計上

総資産　200

5．将来の財務数値への影響

　固定資産を正味売却価額まで減損処理した場合，将来の売却時には（見積りどおりであれば）売却損益はゼロになります。その意味で，この場合の減損損失は売却時の売却損の先取りといえます。

　また，使用価値まで減損処理した場合，その固定資産を保有し続けると，減損処理後は低い帳簿価額に基づいて減価償却を行うので，翌期以降の減価償却費は小さくなります（図表33参照）。固定資産は減損してもしなくても，土地などを除いて最終的には減価償却を通じて費用に変わるので，減損処理は，会計上のテクニックとしては，減価償却費を先取りしているのと同じことです。

　その意味で，減損損失とは，何か「特別な」損失を計上するものではなく，単純に「早めに」費用を計上するだけのものと整理できます。

【図表33】減損処理が将来利益に与える影響

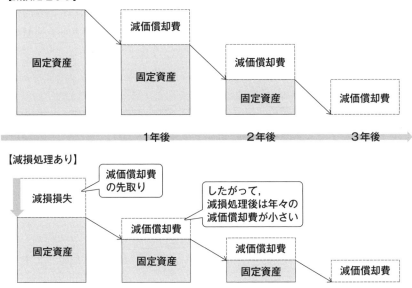

【減損処理なし】

【減損処理あり】

| ケース34 | 固定資産を自己保有からリースに切り替える |

例えば：従来購入していた製造設備をリースに切り替える

1．概　要

　企業が使用している固定資産については，自己所有の場合のほか，リースの場合もあります。この2つの差を直感的に考えると，自己所有の場合は，資金調達をして固定資産を購入し，それを毎期減価償却するとともに，その資金調達コスト（金利など）を負担していくことになります。これに対して，同じ固定資産をリースで使用する場合には，資金調達も固定資産の購入もなく，ただ毎期のリース料を払い続けるだけです。実際に，日本の会計基準では，リースがオペレーティング・リースに分類される場合には，このような会計処理となります。

　一方，リースが購入に近い性質のもの（会計上のファイナンス・リース）であれば，負担費用の観点からも，資産の購入とほぼ同じになります。これは，

リースの貸手（リース会社）は，対象物件の自己所有に伴うコスト（減価償却費＋金利）を負担し，それをリース料として請求しているはずだからです。

　したがって，会計上，リースがファイナンス・リースに分類される場合，基本的に「リース資産」と見合いの「リース債務」（実質的にはリース会社からの借入金）を貸借対照表に計上することが求められます。つまり，ファイナンス・リースは，借入による資産購入と経済的実質がほぼ同じといえるので，財務諸表上もその実質に合わせなければならないということです。

　なお，会計上の「ファイナンス・リース」とは，単純にいうと，中途解約不可で，借手がリース物件の経済的利益を実質的に享受し，かつ，その使用に伴って生じるコストを実質的に負担するようなリースです。つまり，資産の購入に近いものです。そして，このファイナンス・リース以外のリースが上記の「オペレーティング・リース」です。

２．仕訳イメージ

　固定資産の更新にあたり，自己所有の旧固定資産100を帳簿価額と同額で売却して借入金を返済するとともに，新固定資産100はリースに切り替える際に，そのリースが(1)オペレーティング・リースに該当する場合，(2)ファイナンス・リースに該当する場合，それぞれの仕訳イメージは以下のとおりです。

【(1)　オペレーティング・リースの場合(注)】			
（借）現金及び預金	100	（貸）固定資産	100
（借）借入金	100	（貸）現金及び預金	100
【(2)　ファイナンス・リースの場合(注)】			
（借）現金及び預金	100	（貸）固定資産	100
（借）借入金	100	（貸）現金及び預金	100
（借）固定資産	100	（貸）リース債務	100

(注) リース料の支払いに関する仕訳は省略します。

３．損益計算書上の見え方

　リースへの切替時点では，損益計算書への影響はありません。ただし，実際には旧固定資産を除売却する場合，固定資産の除却損や売却損益が計上されます（**基本ケース④及び⑤参照**）。上記の例ではちょうど帳簿価額で売却することとしているので，そのような損益は発生していません。

4．貸借対照表上の見え方

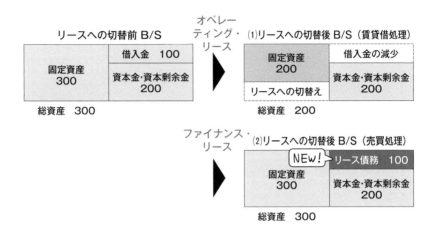

　(1)オペレーティング・リースの場合，通常の賃貸借取引に係る方法に準じて処理されるため，固定資産を自己保有する場合よりも資産規模が小さく，資産効率が良く見えるほか，有利子負債もゼロで，財務的な安定性も高そうに見えます。一言でいうと，貸借対照表が圧縮され，スリムになります。

　一方，(2)ファイナンス・リースの場合，通常の売買取引に係る方法に準じて処理されるため，固定資産の残高は自己保有の場合から変化はありません。また，リース債務は一般に有利子負債として取り扱われるため，その面でも借入れによる自己所有の場合と実質的に変化はないことになります。

コラム　リースの会計処理の今後

　日本の会計基準では，オペレーティング・リースはオフバランス処理（賃貸借処理）されますが，数年後にはオンバランス処理（売買処理）が必要になるかもしれません。

　実際に，国際財務報告基準（IFRS16）では，原則としてすべてのリースについて，借手側は賃借した資産を使用する権利（使用権資産）と対応する負債（リース負債）の計上を求められます（ただし，短期のリースや少額資産のリースなどの例外はあります）。

　日本の会計基準の設定主体である企業会計基準委員会（ASBJ）は，すべてのリースについて資産及び負債を認識する会計基準の開発に着手する作成する方針をすでに決定しています。

　オペレーティング・リースがオンバランスされた場合の影響を考えると，実態としては何も変わりませんが，貸借対照表で固定資産と有利子負債が計上されて両膨らみになるため，自己資本比率や負債比率などにも悪影響が及びます。実務的には，それ以上に，全てのオペレーティング・リースを把握したうえで，資産計上の会計処理をしていくのが非常に面倒だと思います。

5．将来の財務数値への影響

　オペレーティング・リースの場合，将来のリース料の支払いはその都度費用処理されます。

　これに対して，ファイナンス・リースの場合，資産計上したリース資産を減価償却する一方，リース料の支払いは，「リース債務の返済＋金利の支払い」として処理します。つまり，リース会社からの借入金を（金利とともに）分割返済していくような形になります。

ケース35	固定資産の残高を削減する

例えば：製造を外部委託することでファブレス化を進める

1．概　要

　製造業の企業でも，外部の委託先に製造委託することで，貸借対照表に計上される資産を可能な限り少なくするという戦略を採用しているところがあります。このような戦略をアセット・ライト戦略と呼ぶことがありますが，これは一般に，リースなどを使った単純なオフバランス化（ケース34参照）以上のもの，すなわち，工場の集約や委託生産への切替えなどを指します。

　例えば，自社製造から委託製造に切り替えると，フロー面では固定費が変動費化される部分があり（ケース10参照），ストック面では，貸借対照表から固定資産が落ち，相対的に有利子負債も圧縮されます。

　これにより，少なくとも短期的には財務内容が改善され，固定資産回転率（＝売上高÷固定資産）などの資本効率を示す指標も改善されると考えられます。

　また，これをキャッシュ・フローとの関係でみると，一時払いの設備投資を分割払いに変更するような影響があると考えられます。すなわち，外注先に製

造委託する場合，製造設備等の固定資産を保有するのは基本的に外注先であり，その（外注先における）減価償却費見合いを委託費として負担していく形になるためです。

2．仕訳イメージ

　製造設備100を帳簿価額と同額で売却して，その資金で借入金を返済する場合の仕訳イメージは以下のとおりです。

```
【設備の売却】
　（借）現 金 及 び 預 金　　　100　　（貸）有 形 固 定 資 産　　　100
　　　　　　　　　　　　　　　　　　　　　　（機械及び装置）
【借入金の返済】
　（借）借　　入　　金　　　100　　（貸）現 金 及 び 預 金　　　100
```

3．損益計算書上の見え方

　上記の例ではちょうど帳簿価額で売却することとしていますが，実際には設備を除売却する場合，固定資産の除却損や売却損益が計上されます（**基本ケース④及び⑤**参照）。

4．貸借対照表上の見え方

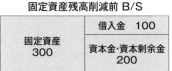

　生産を外部委託すると，自社としては製造設備が不要になるので，固定資産は圧縮されます。ただし，実際には外注先に製造設備を賃貸する場合など，自社に固定資産がそのまま残る場合もあります。

5．将来の財務数値への影響

　自社で設備を保有しなければ，将来的な設備投資に伴うリスクが低減されます。自社製造の場合，設備投資額を営業キャッシュ・フローで回収する必要が

ある一方，委託製造の場合は，委託先から購入をコミットしている金額のみが
リスク金額となるためです。この実質面での設備投資リスクの低減は，将来に
おける会計上の減損リスク（**ケース33参照**）の低減にもつながります。

　また，委託製造への切替えにより，減価償却費という固定費の一部が（外注
費という形に）変動費化されれば，損益分岐点売上高の引下げ，ひいては事業
リスクの削減が期待できます（詳細については，**ケース10参照**）。

　ただし，製造委託については，実質的な発注保証によりリスクが完全に切り
離せない場合があるほか，自社製造よりもコストが割高になる場合もあります。
その意味で，必ずしも製造委託のほうが好ましいということにはなりません。

ケース36	固定資産について資産除去債務を計上する

例えば：新しい店舗用地を賃借し，借地上に自己の建物を建設する

1．概　要

　例えば，小売業の企業が新しい店舗用地を賃借し，借地上に自己の建物を建
設する場合など，固定資産について資産除去債務が計上されるケースがありま
す。

　ここで，「資産除去債務」とは，有形固定資産の取得等によって生じ，その
有形固定資産の除去に関して法令または契約で要求される法律上の義務及びそ
れに準ずるものをいいます。法令に基づくものとしては，土壌汚染対策法に基
づく土壌汚染浄化費用や，大気汚染防止法等に基づくアスベスト対策費用など
があります。また，契約に基づくものとしては，借地上に建物を建てた場合の
（土地返還時の）建物取壊費用などが該当すると考えられます。

　資産除去債務は，有形固定資産の取得等によって発生した時に負債として計
上されます。つまり，実際にその資産を除去するタイミングよりかなり前に負
債を計上するということです。具体的には，有形固定資産の除去に要する将来
キャッシュ・フローを見積り，それを一定の割引率で割り引いて，資産除去債
務を算定します。すなわち，上記の土地返還時の建物の取壊しについていうと，
建物を建設した段階で，将来の取壊費用の割引現在価値を資産除去債務として
認識するということです。

　一方，資産除去債務に対応する除去費用は，資産除去債務の負債計上時に，

それと同額を有形固定資産の帳簿価額に加えることとされており，減価償却を通じて各期に費用配分されることになります（図表36－1参照）。

【図表36－1】資産除去債務のイメージ

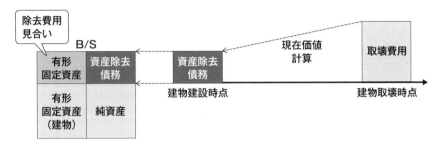

2．仕訳イメージ

　資産除去債務（及びそれに対応する除去費用）が100である場合の仕訳イメージは以下のとおりです。

| （借）有形固定資産 | 100 | （貸）資産除去債務 | 100 |

3．損益計算書上の見え方

　上記1．のとおり，除去費用は有形固定資産の帳簿価額に加算されるため，資産除去債務の計上時点では，損益計算書への影響はありません。

4．貸借対照表上の見え方

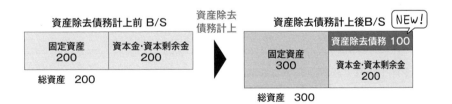

5．将来の財務数値への影響

　資産除去債務の計上は，ある意味で除去費用の先取りともいえますが，一時

に費用化されるものではありません。土地返還時の建物の取壊しを例に取ると，建物建設時点では，その取壊費用は建物の取得原価に含まれて，「減価償却費」という形で徐々に費用化されていくことになります。

　一方で，資産除去債務は現在価値に割り引かれたものなので，毎期利息分だけ大きくなっていきます（図表36－2参照）。簡単にいうと，資産除去債務の計算時には除去費用を現在価値に割り引いたので，負債計上後はその逆の計算を行い，最後には割り引いていない要支払額に等しくなるということです。なお，日本の会計基準では，この時の経過による資産除去債務の調整額は，損益計算書上，関連する有形固定資産の減価償却費と同じ区分に含めて計上することとされています。

【図表36－2】資産除去債務は徐々に大きく

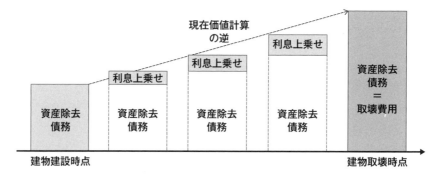

　このように，除去費用は将来の一時点で費用化されるのではなく，（利息分も含めて）減価償却に合わせて徐々に費用化されていくということです。

ケース37	ソフトウェアを自社開発する

例えば：自社で基幹システムを開発する

1．概　要

　自社で基幹システムを開発する場合など，企業がソフトウェアを自社開発する場合があります。

　ここで，「ソフトウェア」とは，コンピュータを機能させるように指令を組

み合わせて表現したプログラム等をいい，会計上，研究開発費（**ケース38参照**）に該当しないソフトウェア制作費は，①受注制作のソフトウェア，②市場販売目的のソフトウェア，③自社利用のソフトウェアの３つに分類されます。

このうち，③自社利用のソフトウェアを開発するケースを考えると，その利用により将来の収益獲得または費用削減が確実である場合には，ソフトウェア開発支出を資産として計上する一方，不確実性が存在する場合には，それを発生時に費用処理することとされています。

そして，資産計上された③自社利用のソフトウェアについては，一般的には，定額法による償却により，ソフトウェアの利用可能期間（原則として５年以内）で償却されます。

2．仕訳イメージ

ソフトウェア開発支出が200であり，それを(1)資産計上する場合，(2)費用処理する場合，それぞれの仕訳イメージは以下のとおりです。

```
【(1)　資産計上する場合】
　（借）ソフトウェア　　200　（貸）現金及び預金　　200
【(2)　費用処理する場合】
　（借）販売費及び　　　200　（貸）現金及び預金　　200
　　　　一般管理費
```

3．損益計算書上の見え方

(1)　資産計上する場合

ソフトウェア開発支出を資産計上する場合は，ソフトウェアの開発時点では損益計算書への影響はありません。

(2)　費用処理する場合

【ソフトウェア自社開発前】		【ソフトウェア自社開発後（費用処理）】	
売上高	0	売上高	0
売上原価	0	売上原価	0
売上総利益	0	売上総利益	0
販売費及び一般管理費	0 ➡	販売費及び一般管理費	200
営業利益	0	営業利益	▲200

4. 貸借対照表上の見え方

ソフトウェア自社開発前 B/S

| 現金及び預金 400 | 資本金·資本剰余金 200 |
| | 利益剰余金 200 |

総資産　400

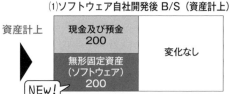

資産計上

⑴ソフトウェア自社開発後 B/S（資産計上）

| 現金及び預金 200 | 変化なし |
| 無形固定資産 （ソフトウェア） 200 | |

NEW!

総資産　400

費用処理

⑵ソフトウェア自社開発後 B/S（費用処理）

| 現金及び預金 200 | 資本金·資本剰余金 200 |
| ソフトウェア 開発支出 | 損失計上 |

総資産　200

5. 将来の財務数値への影響

　⑴ソフトウェア開発支出を資産計上する場合，将来的には償却により徐々に費用化されていきます。したがって，⑵支出時に費用処理する場合とは損益影響のタイミングは異なりますが，最終的には（つまり，全額償却後は）費用処理した場合と同じ結果になります。

　なお，自社利用のソフトウェアについては，一般に償却期間が5年以内と短いため，例えば，基幹システムの刷新などの大規模な投資を行った場合には，その後の償却負担に注意が必要です。

| ケース38 | 研究開発投資を行う |

例えば：新製品開発のための研究開発投資を行う

1. 概　要

　企業は様々な分野で研究開発を行っています。一般に研究開発に関する支出は，一時の費用というよりは投資に近い性質ですが，日本の会計基準では，研究開発費はすべて発生時に費用として処理することとされています。

　ここで，研究開発費にいう「研究」とは，新しい知識の発見を目的とした計画的な調査及び探究をいい，「開発」とは，新しい製品等についての計画または設計等として，研究の成果を具体化することをいいます。つまり，「研究開発」と一括りにされますが，開発のほうが後のステージで，より成果に結びつきやすいものという整理です。

　そして，この研究開発費には，人件費，原材料費，固定資産の減価償却費及び間接費の配賦額等，研究開発のために費消されたすべての原価が含まれることとされています。

　研究開発活動の成果は，将来の収益の増加等として表れるはずですが，上記のとおり，研究開発費は無形固定資産としては計上されません（企業結合などの例外的なケースを除く）。単純にいうと，財務諸表上，研究開発投資は，「投資」という位置付けではないということです。つまり，将来の収益計上を待たず，費用のみが先行計上される形になります。

2．仕訳イメージ

　研究開発費200を支出する場合の仕訳イメージは以下のとおりです。

（借）研究開発費	200	（貸）現金及び預金	200

3．損益計算書上の見え方

【研究開発投資前】		【研究開発投資後】	
売上高	0	売上高	0
売上原価	0	売上原価	0
売上総利益	0	売上総利益	0
販売費及び一般管理費	0 ➡	販売費及び一般管理費	200
営業利益	0	営業利益	▲200

　研究開発費には，一般的に原価性がないと考えられるため，上記の損益計算書のとおり，通常は（販売費及び）一般管理費に区分されます。ただし，製造現場において研究開発活動が行われている場合など，例外的に製造原価（当期製造費用）に区分されるケースもあります。

4．貸借対照表上の見え方

研究開発投資前 B/S

| 現金及び預金 400 | 資本金・資本剰余金 200 |
| | 利益剰余金 200 |

総資産　400

研究開発投資

研究開発投資後 B/S

| 現金及び預金 200 | 資本金・資本剰余金 200 |
| 研究開発支出 | 損失計上 |

総資産　200

5．将来の財務数値への影響

　研究開発費については，端的には費用先行の形になるため，逆に研究開発の成功時には，収益のみが計上されることになります。すなわち，将来において研究開発が成功し，その成果として見合いの収益が計上される場合でも，研究開発費は支出時点ですでに費用処理済みであるため，その時点ではもう計上すべき費用はないということです。

　逆にいうと，研究開発費については，「無形固定資産に振り替えられ，その償却費が将来の収益に対応する」という形（例えば，ソフトウェアについて，**ケース37**参照）とは，財務数値への影響パターンが異なります。「知的資産」という表現がありますが，会計上はあくまでも「費用」として取り扱われるということです。

コラム　研究開発費＝投資

　会計基準は会計基準として，対外的には研究開発費を「投資」と位置付けて説明したり，また「費用」であっても「成長のための必要経費」や「戦略的支出項目」などと位置付けて，説明したりする場合もあります。

　逆に投資家も売上高に対する研究開発費の割合（売上高研究開発費比率）などはモニターしています。これは，企業の成長性を分析するにあたり，研究開発活動を重視しているためです。つまり，売上高研究開発費比率が高い場合には，将来の成長のために資金を投入していると解釈します。

　ただし，研究開発費を支出したことによる効果は，（仮にそれが発現するとしても）かなりタイム・ラグがあってから発現することになります。したがって，多額の研究開発費の投入により，営業減益になったとしても，利益の質という観点からは一応の説明はつきます。しかしながら，理想はそれを現状の営業利益でカバーできることで，「過去の研究開発投資が好業績を生み，その利益を原資として，さらなる研究開発投資を行っている」というサイクルを説明できればベストです。

　この点は，ブランド構築のための広告宣伝費や事業拡大のための人件費の増加など，他の先行投資的な費用についても同じように当てはまると考えられます。

⑤ 有価証券投資・デリバティブ投資

基本ケース⑥ 投資有価証券を取得し，売却する

1．概　要

　企業の財務面での活動として，投資有価証券を取得したり，逆にそれを売却したり，というものがあります。このような投資有価証券の取得は，純粋な投資目的のケースもあれば，取引先との関係強化を目的としているケースもあります。また，逆に投資有価証券の売却は，純粋な資金化目的のほか，政策保有投資の削減を目的とするケースもあります。特に近年は，市場からの圧力やコーポレートガバナンス・コードに基づく説明責任の問題により，持ち合い解消を目的として行われる投資有価証券の売却も多く見られます。

　売却のタイミングでは損益影響がありますが，投資有価証券としての「その他有価証券」（売買目的または満期保有目的といった保有目的が明確に認められない有価証券）の売却損益は，原則として特別損益に区分されます（下記3．参照）。これは，経常性を有しない臨時的な性格を前提とするものであり，例えば，業務上の関係で保有する政策保有株式の売却に伴う損益などが該当します。

　一方，その他有価証券の売却が経常的なものであれば，その売却損益が営業外損益に計上される場合もあります。例えば，市場動向に応じた純投資の売却に伴う損益については，営業外損益に計上されるケースもあります。このような判断には，売却した有価証券の保有期間なども影響してきます（保有期間が長期であるほど，特別損益に区分されやすい）。

2．仕訳イメージ

　投資有価証券を300で取得し，それを(1)400で売却する場合（売却益100），及び(2)200で売却する場合（売却損100），それぞれの仕訳イメージは以下のとおりです。

```
【投資有価証券の取得】
 （借）投 資 有 価 証 券　　 300　 （貸）現 金 及 び 預 金　　 300
【(1)　投資有価証券の売却－売却益の場合】
 （借）現 金 及 び 預 金　　 400　 （貸）投 資 有 価 証 券　　 300
                                    投 資 有 価 証 券　　 100
                                    売　 却　 損　 益
【(2)　投資有価証券の売却－売却損の場合】
 （借）現 金 及 び 預 金　　 200　 （貸）投 資 有 価 証 券　　 300
      投 資 有 価 証 券　　 100
      売　 却　 損　 益
```

3．損益計算書上の見え方

(1)　売却益の場合

【投資有価証券売却前】		【投資有価証券売却後（売却益）】	
経常利益	0	経常利益	0
特別利益	0	特別利益	100
		投資有価証券売却益	100
特別損失	0	特別損失	0
税引前利益	0	税引前利益	100

(2)　売却損の場合

【投資有価証券売却前】		【投資有価証券売却後（売却損）】	
経常利益	0	経常利益	0
特別利益	0	特別利益	0
特別損失	0	特別損失	100
		投資有価証券売却損	100
税引前利益	0	税引前利益	▲100

4．貸借対照表上の見え方

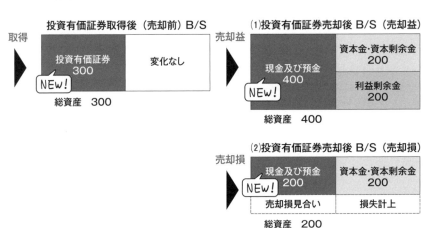

| ケース39 | 投資有価証券（その他有価証券）の時価が変動する |

例えば：保有しているその他有価証券の時価が変動し，含み損益が発生する

1．概　要

　企業が投資有価証券（その他有価証券）を保有している場合，その時価が変動し，含み損益が発生するケースがあります。

　ここで，「その他有価証券」とは，日本の会計基準上の分類であり，売買目的有価証券，満期保有目的の債券，子会社株式及び関連会社株式以外の有価証券をいいます。その他有価証券には，純投資から政策投資（持ち合い株式を含む）まで，様々な保有目的の有価証券が含まれます。

　会計上，その他有価証券は，時価をもって貸借対照表価額とされます。つまり，毎期，期末時点の時価に洗い替えていくということです。そして，評価差

額は原則として，「その他有価証券評価差額金」^(注)として，純資産の部に計上します（全部純資産直入法）。その他有価証券評価差額金は，連結財務諸表上，その他の包括利益に含まれますが（個別財務諸表上は「評価・換算差額等」），これは損益計算書を通らない，いわば未実現の損益のようなものだからです（詳細についてはⅡ２．（p.14）参照）。

(注)　正確には，その他有価証券評価差額金は，時価評価による評価差額から税効果額（評価差益に係るものは繰延税金負債に，評価差損に係るものは繰延税金資産に計上）を控除した純額で計上します（下記２．参照）。

２．仕訳イメージ

⑴　含み益の場合

その他有価証券の含み益が100である場合の仕訳イメージは以下のとおりです（実効税率を30％と仮定します）。

（借）その他有価証券	100	（貸）繰延税金負債	30
		その他有価証券評価差額金	70

上記のようにその他有価証券に含み益がある場合，将来における売却益の実現時点で課税されることを考慮して，含み益100のうち，将来の売却に伴う税負担30は繰延税金負債として計上し，ネットの含み益70を「その他有価証券評価差額金」として計上します。

⑵　含み損の場合

一方，その他有価証券の含み損が100である場合の仕訳イメージは以下のとおりです（実効税率を30％と仮定します）。

【繰延税金資産が回収可能である場合】
（借）繰延税金資産	30	（貸）その他有価証券	100
その他有価証券評価差額金	70		

【繰延税金資産が回収不能である場合】
（借）その他有価証券評価差額金	100	（貸）その他有価証券	100

その他有価証券に含み損がある場合でも，考え方は含み益がある場合と基本

的に同じです。つまり，将来における売却損の実現時点で（損金算入による）節税効果があることを考慮して，含み損100のうち，将来の売却に伴う税金削減効果30を繰延税金資産として計上し，ネットの含み損▲70を「その他有価証券評価差額金として計上するわけです（上記【繰延税金資産が回収可能である場合】）。

しかしながら，企業が赤字続きでそもそも税金を負担していない場合など，売却損に節税効果がない場合もあります（ゼロの税金をそれ以上減らすことはできない）。このような場合は含み損100がそのまま将来の損失になると見込まれるため，「その他有価証券評価差額金」も▲100になります（上記【繰延税金資産が回収不能である場合】）。

3．損益計算書上の見え方

影響なし。ただし，連結財務諸表上は，（連結）包括利益計算書において，その他有価証券の時価変動がその他の包括利益に影響します。

4．貸借対照表上の見え方

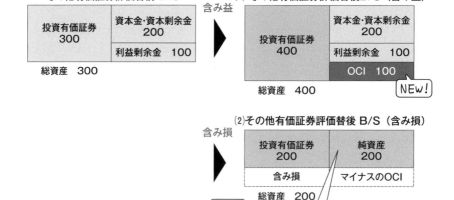

（注）実際には，含み益の場合は繰延税金負債が計上され，含み損の場合は（節税効果があれば）繰延税金資産が計上されます。

5．将来の財務数値への影響

その他有価証券評価差額金を計上した投資有価証券を売却した場合，日本の会計基準では，それを計上していない投資有価証券の売却と同じように売却損益が計上されます。ちょうど（未実現損益である）その他有価証券評価差額金が，（実現損益である）売却損益に姿を変えるということです。

なお，連結財務諸表上は，この部分は組替調整額（Ⅱ2．(p.14) 参照）として，（包括利益の内部での）その他の包括利益から当期純利益への移動として表示されます。

ケース40	投資有価証券を減損処理する

例えば：保有しているその他有価証券の時価が著しく下落しており，回復する見込みがないため，減損処理を行う

1．概　要

企業が保有する投資有価証券については，その時価が著しく下落した場合など，減損処理が行われるケースがあります。

すなわち，日本の会計基準では，その他有価証券を含め，売買目的有価証券以外の有価証券について時価が著しく下落したときは，回復する見込みがある場合を除き，その時価をもって貸借対照表価額とし，評価差額を当期の損失として処理（「減損処理」）する必要があります。

ここで，個々の銘柄の有価証券の時価が取得原価に比べて50％程度以上下落した場合，一般に「著しく下落したとき」に該当し，合理的な反証がない限り，減損処理を行う必要があります。一方，時価の下落率がおおむね30％未満の場合には，一般に「著しく下落したとき」には該当しません。

その他有価証券についていうと，通常の時価評価による評価差額はその他の包括利益ですが（個別財務諸表上は「評価・換算差額等」。つまり，損益計算書は通さない。ケース39参照），時価が著しく下落して減損処理する場合には，損益計算書を通すという違いがあります。

2．仕訳イメージ

　上場株式（その他有価証券）について，100の減損処理を行う場合の仕訳イメージは以下のとおりです。

（借）投資有価証券評　価　損	100	（貸）投資有価証券　100

3．損益計算書上の見え方

【投資有価証券減損処理前】		【投資有価証券減損処理後】	
経常利益	0	経常利益	0
特別利益	0	特別利益	0
特別損失	0	特別損失	100
		投資有価証券評価損	100
税引前利益	0	税引前利益	▲100

　基本的には，投資有価証券について売却損が計上される場合（**基本ケース⑥**参照）と同じような影響があります。

4．貸借対照表上の見え方

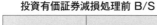
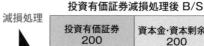

投資有価証券減損処理前 B/S

投資有価証券 300	資本金・資本剰余金 200
	利益剰余金　100

総資産　300

減損処理

投資有価証券減損処理後 B/S

投資有価証券 200	資本金・資本剰余金 200
減損処理	損失計上

総資産　200

　減損処理する場合でも，純資産が減少するのは時価変動によりその他有価証券評価差額金が変動する場合（**ケース39**参照）と同じです。ただし，減損処理する場合には，損益計算書上で損失が計上され，利益剰余金が減少する点が異なります。

5．将来の財務数値への影響

　減損処理に際しては，期末日の時価により帳簿価額を付け替えて，投資有価

証券の取得原価を修正するため，減損処理直後に投資有価証券を売却した場合，売却損益はほとんど発生しないはずです。その意味で，減損処理に伴う投資有価証券の評価損は，投資有価証券の売却損の先取りと整理できます。

また，その他有価証券に係る減損処理後の時価変動については，基本的に減損処理後の帳簿価額と毎期末の時価とを比較して，通常どおり評価差額を算定することになります（**ケース39**参照）。つまり，減損処理後に時価が回復したとしても，損益に影響させる形で減損処理の戻入はしないということです。

ケース41	デリバティブの時価が変動する

例えば：保有しているデリバティブの時価が変動し，含み損益が発生する

1．概　要

企業がデリバティブを保有している場合，その時価が変動し，含み損益が発生するケースがあります。

ここで，「デリバティブ」とは，株式・金利・為替等に関する先物（先渡）・オプション・スワップ取引などの金融派生商品をいいます。このようなデリバティブについては，会計上，原則として期末に時価評価を行い[注]，評価差額は損益として処理することが求められます。

[注]　デリバティブの時価評価にあたっては，多くの場合，金融機関から時価評価結果を取り寄せます。

ヘッジ会計を適用しない場合のデリバティブの評価損益は，営業外損益として計上されます（下記3．参照）。つまり，デリバティブを保有していると，その時価変動の都度，損益（経常損益以下）が影響を受けるということです。

なお，デリバティブ取引にヘッジ会計を適用する場合の見え方については，**ケース42**をご参照ください。

2．仕訳イメージ

期末時点でデリバティブに(1)100の含み益がある場合，及び(2)100の含み損がある場合，それぞれの仕訳イメージは以下のとおりです。

【(1) 含み益の場合】
  （借）デリバティブ債権　　100　　（貸）デリバティブ　　　　100
　　　　　　　　　　　　　　　　　　　　　　評　価　損　益
【(2) 含み損の場合】
  （借）デリバティブ　　　　100　　（貸）デリバティブ債務　　100
　　　　評　価　損　益

　上記のように，デリバティブの会計処理はシンプルで，(1)含み益の場合は，損益計算書で評価益が計上され，貸借対照表で「デリバティブ債権」が認識されます。このデリバティブ債権は，必ずしも正確ではないですが，「いま決済したら，これだけの入金があるはず」という意味での資産です。逆に，(2)含み損がある場合には，損益計算書で評価損が計上され，貸借対照表で「デリバティブ債務」が認識されますが，これは「いま決済するとこれだけ支払わなければならない」というように解釈できます。

3．損益計算書上の見え方

(1)　含み益の場合

【デリバティブ評価替前】		【デリバティブ評価替後（含み益）】	
営業利益	0	営業利益	0
営業外収益	0	営業外収益	100
受取利息	0 ➡	受取利息	0
		デリバティブ評価益	100
営業外費用	0	営業外費用	0
経常利益	0	経常利益	100

(2)　含み損の場合

【デリバティブ評価替前】		【デリバティブ評価替後（含み損）】	
営業利益	0	営業利益	0
営業外収益	0	営業外収益	0
営業外費用	0	営業外費用	100
支払利息	0 ➡	支払利息	0
		デリバティブ評価損	100
経常利益	0	経常利益	▲100

4．貸借対照表上の見え方

　上図のとおり，貸借対照表上では「デリバティブ債権」や「デリバティブ債務」が計上されますが，これらは，あくまでもデリバティブの含み損益を表すものであり，デリバティブ取引自体の規模は示していないことに注意が必要です。

5．将来の財務数値への影響

　デリバティブの評価損益は最終的なデリバティブの決済損益の先取りであり，将来のデリバティブの決済時点では，期末時点と決済時点の時価の差分しか損益として認識されないことになります。これは，減損処理に伴う投資有価証券の評価損が，投資有価証券の売却損の先取りであることと同様です（**ケース40**参照）。

ケース42	デリバティブ取引にヘッジ会計（繰延ヘッジ処理）を適用する

例えば：保有しているデリバティブに繰延ヘッジ処理を適用し，時価変動による含み損益を繰り延べる

1．概　要

　ヘッジとは一般的にリスクを軽減する行動をいいますが，企業はデリバティブ取引をヘッジ目的で使うことが多いと考えられます。この場合のデリバティブは「ヘッジ手段」と呼ばれ，一方で「ヘッジ対象」となるもの（リスクにさらされている資産など）があるため，会計上はその関係に対してヘッジ会計を適用するケースがあります。

　ここで，「ヘッジ会計」とは，ヘッジ取引のうち一定の要件を充足するものについて，ヘッジ対象に係る損益とヘッジ手段に係る損益を同一の期に認識し，ヘッジの効果を会計に反映させるための特殊な会計処理をいいます。

　単純にいうと，デリバティブ取引にヘッジ会計を適用した場合でも，デリバティブ債権・債務を計上して含み損益を貸借対照表に反映させる点は，ヘッジ会計を適用しない場合（**ケース41**参照）と同じです。しかしながら，その含み損益を損益計算書に影響させず，一定期間（具体的には，ヘッジ対象の損益認識時まで）繰り延べる点が異なります。これが「繰延ヘッジ処理」ですが，この場合，含み損益は純資産の部に「繰延ヘッジ損益」として計上されます（下記**2．**参照）。

　繰延ヘッジ損益は，連結財務諸表上，その他の包括利益に含まれます（個別財務諸表上は「評価・換算差額等」）。これは，その他有価証券評価差額金と同様，損益計算書を通らない，いわば未実現の損益のようなものだからです（詳細については II 2．(p.14) 参照）。

2．仕訳イメージ

　ヘッジ手段であるデリバティブ取引に繰延ヘッジ処理を適用する場合で，(1) 100の含み益がある場合，及び(2)100の含み損がある場合，それぞれの仕訳イメージは以下のとおりです（実効税率を30％と仮定します）。

【(1)　含み益の場合】
　（借）デリバティブ債権　　100　　（貸）繰延税金負債　　　30
　　　　　　　　　　　　　　　　　　　　　　繰延ヘッジ利益　　　70
【(2)　含み損の場合】
　（借）繰延税金資産　　　　30　　（貸）デリバティブ債務　100
　　　　繰延ヘッジ損失　　　70

（注）純資産の部に計上される繰延ヘッジ損益については，その他有価証券評価差額金（**ケース39**参照）と同様，繰延税金資産または負債の額を控除して計上します（繰延税金資産は回収可能という前提です）。

3. 損益計算書上の見え方

　影響なし。ただし，連結財務諸表上は，（連結）包括利益計算書において，ヘッジ手段の時価変動がその他の包括利益に影響します。

4. 貸借対照表上の見え方

（注）実際には，付随する繰延税金負債も計上されます。

　上図のとおり，利益剰余金ではなく，その他の包括利益累計額（個別財務諸表上は「評価・換算差額等」）が変動する点が，ヘッジ会計を適用しない場合（**ケース41**参照）とは異なります。

　なお，含み損の場合の見え方については割愛します。

5. 将来の財務数値への影響

　ヘッジ会計は，ヘッジ対象に係る損益とヘッジ手段に係る損益を同一の期に認識するためのものなので，ヘッジ対象の損益認識時に繰延ヘッジ損益も（繰延べをやめて）損益に計上します。この場合，損益の計上科目については，原則としてヘッジ対象の損益区分と同一区分で表示することとされています。例

えば，ヘッジ対象が商品であれば売上原価，株式であれば有価証券売却損益，利付資産・負債であれば利息の調整として，繰り延べていたヘッジ損益を損益に戻入処理することになります。

ケース43	仮想通貨の時価が変動する

例えば：保有している仮想通貨の時価が変動し，含み損益が発生する

1．概　要

　企業が仮想通貨を保有している場合，その時価が変動し，含み損益が発生するケースがあります。

　仮想通貨には明確な定義はないものの，端的には，いかなる法域においても法定通貨としての地位を有さず，電子的に取引可能な通貨といえます（仮想通貨は「暗号資産」と呼称される場合もあります）。

　会計上は，「資金決済に関する法律」に規定する仮想通貨を対象として，会計処理が定められています。すなわち，企業（仮想通貨交換業者以外の「仮想通貨利用者」）が仮想通貨を利用する場合，まず仮想通貨は会計上の資産として取り扱われます。そして，活発な市場が存在する場合には，市場価格に基づく価額をもって貸借対照表価額とし，帳簿価額との差額は当期の損益として処理することとされています（活発な市場が存在しない場合には，取得原価をもって貸借対照表価額とされます）。

　仮想通貨の評価損益については，為替差損益とは性質が異なりますが，損益計算書への影響としては，ちょうど外貨預金を保有しているのと同じような影響と考えておけばよいと思われます。

2．仕訳イメージ

　期末時点で保有する仮想通貨に活発な市場があり，(1)100の含み益がある場合，及び(2)100の含み損がある場合，それぞれの仕訳イメージは以下のとおりです。

【(1)　含み益の場合】
　　（借）仮 想 通 貨　　100　　（貸）仮想通貨評価損益　　100
【(2)　含み損の場合】
　　（借）仮想通貨評価損益　　100　　（貸）仮 想 通 貨　　100

3．損益計算書上の見え方

(1)　含み益の場合

【仮想通貨評価替前】		【仮想通貨評価替後（含み益）】	
営業利益	0	営業利益	0
営業外収益	0	営業外収益	100
受取利息	0 ➡	受取利息	0
		仮想通貨評価益	100
営業外費用	0	営業外費用	0
経常利益	0	経常利益	100

(2)　含み損の場合

【仮想通貨評価替前】		【仮想通貨評価替後（含み損）】	
営業利益	0	営業利益	0
営業外収益	0	営業外収益	0
営業外費用	0	営業外費用	100
支払利息	0 ➡	支払利息	0
		仮想通貨評価損	100
経常利益	0	経常利益	▲100

4．貸借対照表上の見え方

仮想通貨評価替前 B/S

仮想通貨 300	資本金・資本剰余金 200
	利益剰余金　100

総資産　300

含み益

(1)仮想通貨評価替後 B/S（含み益）

仮想通貨 400	資本金・資本剰余金 200
	利益剰余金 200

総資産　400

含み損

(2)仮想通貨評価替後 B/S（含み損）

仮想通貨 200	資本金・資本剰余金 200
市場価格下落	損失計上

総資産　200

5．将来の財務数値への影響

　企業（仮想通貨利用者）が保有する仮想通貨を売却する場合，売買の合意が成立した時点で，売却損益（売却収入から売却原価を控除して算定した純額）を損益計算書に計上します。これは，売買の情報がネットワーク上の残高に反映されるプロセス等は様々であるものの，売手にとっては，売買の合意が成立した時点で売却損益が確定していると考えられるためです。

　仮想通貨は基本的に市場価格で評価されるため，この場合の（ネットの）売却損益は，前期末からの市場価格の変動が反映されることになります。つまり，評価損益の形で，その都度売却損益を先取りしているので，売却時には残りの変動部分のみを認識するということです。

| ケース44 | デット・エクイティ・スワップを実行する |

例えば：融資先の再建計画に協力し，デット・エクイティ・スワップを実行する

1．概　要

　企業は，融資先の再建に協力するために，デット・エクイティ・スワップを行う場合があります。

　ここで，「デット・エクイティ・スワップ」（以下「DES」）とは，端的には「債務の株式化」であり，債権者と債務者の合意に基づき，（債権者側から見て）債権を株式と交換する取引を指します。多くの場合，このDESは，財務的に困難な状況にある債務者について，再建計画等の一環として行われます。

　DESは，通常，債権者がその債権を債務者に現物出資することによって行われます。この場合，債権と債務が同一の債務者に帰属するため，その債権は混同により消滅します。したがって，債権者側の会計処理としては，まずは消滅した債権の帳簿価額を貸借対照表から外します。一方，現物出資の結果，債権者は株式を取得することになりますが，この株式は時価で計上し，これにより発生した差額は当期の損益として処理します。つまり，「①消滅した債権の帳簿価額」と「②取得した株式の取得時の時価」の差額の分だけ，損益影響が発生するということです。

　ここでいう①消滅した債権の帳簿価額は，取得原価（または償却原価）から貸倒引当金を控除した後の金額を指します。また，DESを行うにあたり，債権者が一定額の債権放棄を行うケースもありますが，その場合には，債権放棄後の帳簿価額ということになります。

　一方，②取得した株式の取得時の時価は，市場価格がある場合には，「市場価格に基づく価額」であり，市場価格がない場合には，「合理的に算定された価額」を意味します。つまり，市場価格がない場合には，金融支援額の十分性，債務者の再建計画等の実行可能性，株式の条件等を考慮したうえで，合理的に算定する必要があるということです。

　ただし，債務者の再建の一手法として行われるDESにおいては，②取得した株式の取得時の時価は，①消滅した債権の帳簿価額を上回らないと想定されます。つまり，DESでは損失が計上されるのが通常であり，実行時点において利

益が発生するのは，極めて例外的な状況に限られるということです。特に債権放棄の代わりに債権者がDESに応じる場合など，実質的には債権切捨てと変わらない場合には，取得する株式の時価はゼロに近くなると考えられます。

なお，DESに代えて，債務者が第三者割当増資を行い，債権者がこれを引き受け，払い込んだ現金により債権を回収することによっても同じ効果が得られます（一般に「疑似DES」と呼ばれます）。この場合にも，金銭出資（第三者割当増資の引受け）と債権の回収が一体の取引であれば，基本的に現物出資による場合と同じ会計処理を行うことになると考えられます。

２．仕訳イメージ

DESを行い，保有する貸付金（帳簿価額200＝債権金額500－貸倒引当金300）を現物出資して，債務者が発行する株式（時価100）を取得する場合の仕訳イメージは以下のとおりです。

| （借）投資有価証券 | 100 | （貸）貸 付 金 | 200 |
| デット・エクイティ・スワップ損失 | 100 | | |

（注）貸倒引当金の取崩仕訳は省略し，貸付金残高を貸倒引当金控除後の200として仕訳を示しています。

３．損益計算書上の見え方

【デット・エクイティ・スワップ実行前】		【デット・エクイティ・スワップ実行後】	
経常利益	0	経常利益	0
特別利益	0	特別利益	0
特別損失	0 →	特別損失	100
		デット・エクイティ・スワップ損失	100
税引前利益	0	税引前利益	▲100

4．貸借対照表上の見え方

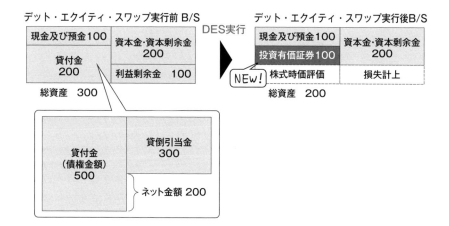

5．将来の財務数値への影響

　取得した株式については，継続的に評価を行っていくことになりますが，出資先（＝債務者）の財政状態の悪化により，株式の減損処理が必要になれば，追加の損失が計上されることになります（**ケース40**参照）。

6 外貨建取引・為替ヘッジ

ケース45	外貨建債権・債務を保有する

例えば：輸出に伴って外貨建債権を保有する，または輸入に伴って外貨建債務を保有する

1. 概　要

外貨建てで輸出入取引を行う場合，外貨建売掛金や買掛金など，外貨建ての資産や負債を保有することになります。会計上，企業が期末に有する外貨建資産及び負債の換算方法については，ほとんどが決算日レートによる換算であり（例外は「子会社株式及び関連会社株式」など），外貨建売掛金や買掛金も決算日レートで換算されます。

そして，このような決算時の換算によって生じた換算差額は，外貨建その他有価証券に係るもの等を除き，「為替差損益」として処理し，差益と差損を相殺した純額で，決済による差損益とともに営業外損益として計上されます（例外的に特別損益に区分される場合もあります）。

例えば，外貨建てで輸出を行い，外貨建ての売掛金を保有している状況を想定すると，円高になれば，決算日レートでの換算により外貨建売掛金の円換算額が目減りし，為替差損が認識されます。逆に，円安になれば，外貨建売掛金の円換算額が相対的に大きくなり，為替差益が認識されます。これらを毎期，営業外損益に計上するということです。

外貨建てで輸入を行い，外貨建ての買掛金を保有している状況ではこの逆の影響になります。

2. 仕訳イメージ

外貨建売掛金4米ドルと外貨建買掛金1米ドルを保有している状況で，為替レートが100円/米ドルから，(1)110円/米ドル（円安）または，(2)90円/米ドル（円高）に変動する場合の仕訳イメージは以下のとおりです。

【(1)　円安の場合】
（借）売　掛　金　　40　　（貸）為　替　差　益　　40
（借）為　替　差　損　　10　　（貸）買　掛　金　　10
【(2)　円高の場合】
（借）為　替　差　損　　40　　（貸）売　掛　金　　40
（借）買　掛　金　　10　　（貸）為　替　差　益　　10

3．損益計算書上の見え方

(1)　円安の場合

【為替レート変動前】		【為替レート変動後（円安）】	
営業利益	0	営業利益	0
営業外収益	0	営業外収益	30
受取利息	0	受取利息	0
		為替差益	30
営業外費用	0	営業外費用	0
経常利益	0	経常利益	30

　円安の場合の外貨建売掛金（100円/米ドル時点で計上）の動きを見ると，為替レートの110円/米ドルへの変動により，40の為替差益が計上されます。一方で，外貨建買掛金については逆に10の為替差損が発生するので，為替差益はネットで30になります。

(2)　円高の場合

【為替レート変動前】		【為替レート変動後（円高）】	
営業利益	0	営業利益	0
営業外収益	0	営業外収益	0
営業外費用	0	営業外費用	30
支払利息	0	支払利息	0
		為替差損	30
経常利益	0	経常利益	▲30

4．貸借対照表上の見え方

為替レート変動前 B/S

外貨建売掛金 400	外貨建買掛金100
	資本金·資本剰余金 200
	利益剰余金100

総資産　400

円安 ▶

(1)為替レート変動後 B/S（円安）

外貨建売掛金 440	外貨建買掛金 110
	資本金·資本剰余金 200
	利益剰余金 130

総資産　440

円高 ▶

(2)為替レート変動後 B/S（円高）

	外貨建買掛金　90
	円高による目減り 10
外貨建売掛金 360	資本金·資本剰余金 200
	利益剰余金　70
円高による目減り 40	損失計上　30

総資産　360

　円安・円高いずれのケースでも，外貨建売掛金と買掛金の円換算額は逆方向に動くので，為替リスクは外貨建債権と債務のネット金額に対して発生することが確認できます。

5．将来の財務数値への影響

　上記は外貨建売掛金や買掛金を計上した後に為替レートが変動した場合の影響ですが，そもそもの外貨建ての売上や仕入を計上する前に為替レートが変動した場合には，フロー項目である売上高や（棚卸資産を通じた）売上原価自体が増減することになります。

　すなわち，上記2．の為替レート変動後に，再び外貨建てで輸出を行う状況を考えてみると，売上高（＝外貨建売掛金の当初計上額）自体が大きくなったり，小さくなったりするという形で影響が表れます。例えば，100円/米ドルのときに計上される1米ドルの売上は100円ですが（対応する売掛金も同額），円

安になって，110円/米ドルのときに計上される1米ドルの売上は110円に換算
されます。すなわち，この場合の為替レート変動の影響は，為替差損益として
は表れず，売上高自体の増減として表れるということです。

　まとめると，外貨建売掛金や買掛金の計上後の為替レート変動は為替差損益
として表れ，計上前の為替レート変動は外貨建ての売上高や売上原価（外貨建
売掛金や買掛金の当初計上額）自体の変動として表れます[(注)]。

(注) 逆にいうと，ここからわかる点は，損益計算書上の「為替差損益」は，その期間の為
　　替レート変動の一部しか表していないということです。より正確には，輸出取引について
　　いえば，為替差損益は「売上計上から売掛金回収までの期間に対応する為替レート変動の
　　影響」のみを表しています。

コラム　把握しづらい為替レート変動の影響

　為替レートの変動が企業の財務数値に与える影響は単純ではありません。

　期末の一時点で見れば，為替レートの変動により，保有する外貨建資産・負
債の円換算額が変動し，為替差損益が計上されます。つまり，期末の一時点に
おける為替レートの如何によって，その期の損益にブレが生じるということです。

　しかしながら，より長期的には，輸出売上や輸入仕入といったフロー数値へ
の影響が重要になります。この場合，想定レートと実勢レートの乖離が問題に
なるでしょう。長期の為替レートの変動を予測して，影響を見積もるのは必ず
しも容易ではありません。

　また，「外貨」と一括りにすることは必ずしも適切ではなく，実際には通貨の
種類によって利益への影響が変わってくるケースもあります。例えば，アジア
の製造委託先とは米ドル（または米ドルにリンクする通貨）で取引しており，
対米ドルでは円高がメリットになる一方，欧州への輸出が多く，対ユーロでは
円安がメリットになる場合などです。単純に円高・円安といいますが，実際に
は主要通貨ごとにその影響を説明できるようにしておく必要があるということ
になります。

　さらに根本的なことをいえば，為替レート変動の影響を価格に転嫁できる場
合には，実質的には為替リスクは存在しません。例えば，海外からの製品輸入
に係る為替レート変動の影響について，（販売）価格に転嫁できる部分がある場
合，その部分については，損益ベースで影響は受けないことになります。

　また，連結ベースで見ると，輸出型企業であっても生産拠点を海外移転して
いる場合もあるため，このような様々な要素を総合的に考えて，為替レート変
動の影響を見積もることになります。

ケース46	為替リスクのヘッジを行うが，ヘッジ会計は適用しない

例えば：外貨建債権に係る為替リスクを為替予約によりヘッジするが，ヘッジ会計は適用しない

1．概　要

　外貨建てで輸出入を行っている企業は，外貨建債権・債務に係る為替リスクについて，為替予約などでヘッジを行うケースがあります。具体的には，外貨建債権（売掛金）についていえば，将来の為替レート変動により円建ての入金額が変動するリスクがあるため，その損失の発生リスクを減殺する目的で，為替予約（外貨売り）によりヘッジを行うことになります。

　このように実態としてヘッジを行う場合，会計上はヘッジ会計（**ケース42参照**）を適用するか否かの判断があります。整理すると，「実態としてヘッジを行うか否か」と「ヘッジ会計を適用するか否か」は基本的に別問題ということです。

　ヘッジ会計を適用する場合，原則として，時価評価されているヘッジ手段（為替予約など）に係る損益または評価差額を，ヘッジ対象に係る損益が認識されるまで繰り延べる方法（「繰延ヘッジ処理」）によります。しかしながら，実態としてヘッジ取引を行うものの，このヘッジ会計を適用しないという選択肢もあります。

　すなわち，ヘッジ会計を適用しない場合，まず外貨建債権（売掛金）は，会計上決算日レートで換算され，換算差額である為替差損益は，営業外損益として計上されます（**ケース45参照**）。一方，為替予約については，デリバティブとして期末に時価評価され，評価差額（評価損益）は同じく営業外損益として計上されます（**ケース41参照**）。つまり，外貨建債権に係る為替差損益と為替予約の評価損益が同じ損益区分（営業外損益）で処理されるため，ヘッジ会計を適用しなくても，実態としてのヘッジの効果は，ある程度損益計算書上で表現されることになります。

2．仕訳イメージ

　外貨建売掛金4米ドルを保有している状況で，為替レートが100円/米ドルから90円/米ドル（円高）に変動し，それに対応する為替予約（外貨売予約4米

ドル）の時価が（0から）40（含み益）に変動する場合の仕訳イメージは以下のとおりです。

【外貨建売掛金の換算替え】						
（借）為 替 差 損	40	（貸）売 掛 金	40
【為替予約の時価評価】						
（借）デリバティブ 債権(為替予約)	40	（貸）デリバティブ 評 価 損 益	40

3．損益計算書上の見え方

【為替レート変動前】		【変動後（円高＋ヘッジ会計適用なし】	
営業利益	0	営業利益	0
営業外収益	0	営業外収益	40
受取利息	0	受取利息	0
		デリバティブ評価益	40
営業外費用	0	営業外費用	40
支払利息	0	支払利息	0
		為替差損	40
経常利益	0	経常利益	0

　上記の損益計算書では，円高による外貨建売掛金の為替差損40が為替予約の評価益40により相殺される形となっており，ヘッジの効果が自然に損益計算書に表れています(注)。

(注) 実際には外貨建債権に係る為替差損益と為替予約の評価損益の金額は（正負逆で）必ずしも一致するわけではありません。為替予約の時価（評価損益）には，外貨建債権に係る為替差損益に対応する部分のほか，二国間の金利差（米ドルについていえば，日米の金利差）に対応する部分も含まれているためです。したがって，この部分については，損益の相殺後も損益計算書上に残ります。

コラム　ヘッジの効果の見え方の実際

　為替リスクのヘッジを行うものの，ヘッジ会計を適用しない場合について，「ヘッジ対象とヘッジ手段の損益が営業外損益で相殺され，ヘッジの効果が自動的に表現される」というのは一般的な説明であり，短期的には正しいのですが，長期的には正しくない面もあります。
　例えば，海外からの製品輸入が多い企業を考えてみると，円安がマイナス要因になるので，円売り・外貨買いの為替予約などでヘッジを行うことになります。

この場合，為替が円安に進めば，営業外損益として，買掛金に係る為替差損と為替予約に係る評価益が計上される点は上記のとおりです。

一方，長期的には，円安は海外からの製品輸入（仕入）コストの増加につながるため，これは売上原価の増加として表れます（短期的な視点では為替差損）。つまり，売上総損益や営業損益が悪化するということで，これが上記の為替予約の評価益で相殺されるのは，経常損益段階以下です。つまり，売上総損益段階や営業損益段階では，ヘッジの効果は表れないことになります。

なお，上記のような損益インパクトは，すでに外貨建売掛金が計上され，対応する為替予約も締結されていることが前提になります。

それとは異なるケースとして，例えば，受注段階で為替予約を締結し，売上計上前に決算を迎える場合が考えられます。このケースでは，為替予約に係る評価損益の計上は必要になる一方，売上計上前のため，対応する外貨建売掛金はまだ認識されておらず，為替差損益も計上されないという状況になります。つまり，為替予約の評価損益のみが損益計算書上に表れるということで，損益計算書上でヘッジの効果はうまく表現されないことになります（このようなケースでは，繰延ヘッジ処理が有効です。**ケース42**参照）。

4．貸借対照表上の見え方

外貨建売掛金に係る為替差損と為替予約に係る評価益が相殺され，損益影響がないため，貸借対照表上も純資産は変動していません。これはヘッジの効果が反映されていると解釈できます。また，資産サイドを見ると，売掛金が減少する代わりにデリバティブ債権（為替予約）が新たに計上される形になります。

5．将来の財務数値への影響

実態として有効なヘッジ取引を行っている場合，会計期間を無視すれば（つ

まり，経済的実質を考えると），ヘッジ会計を適用しなくても，外貨建債権・債務からの為替差損益と為替予約の評価損益（または決済損益）などは相殺されるはずです。これは，為替予約により実質的に円建てキャッシュ・フローが固定されることからすれば，当然のことといえます。しかしながら，特に外貨建債権・債務の発生前に為替予約を行うケースなどにおいては，各期の損益は必ずしも相殺されない可能性がある点には注意が必要です（上記3．参照）。

ケース47	為替予約にヘッジ会計（振当処理）を適用する

例えば：外貨建債権に係る為替リスクを為替予約によりヘッジし，振当処理を適用する

1．概　要

ケース46のとおり，企業が実態としてヘッジ取引を行う場合，会計上はヘッジ会計を適用するか否かの選択肢があります。ここでは，外貨建債権・債務に対して，為替予約により（実態として）ヘッジ取引を行い，ヘッジ会計を適用する場合を考えてみます。

まず，為替予約については，期末に時価評価を行い，評価差額は損益として処理するのが原則です（**ケース46**参照）。しかしながら，一定の要件を満たしている場合には，ヘッジ会計を適用することができます。この場合，日本の会計基準では，繰延ヘッジ処理（**ケース42**参照）によることが原則ですが，継続適用を条件として，振当処理を採用することもできます。

ここで，「振当処理」とは，為替予約等により固定されたキャッシュ・フローの円貨額により外貨建債権・債務を換算し，直物為替レートによる換算額との差額（為替予約差額）を，為替予約等の契約締結日から外貨建債権・債務の決済日までの期間にわたり配分する方法をいいます。

単純にいうと，振当処理では，外貨建債権・債務等を予約レートで換算し，その換算結果を貸借対照表に計上するため（つまり，両者を一体として会計処理するため），為替予約等の評価額は個別には計上されないことになります。

また，振当処理では，為替予約差額の期間配分という複雑な処理もあるものの，取引前（例えば，受注時点）に為替予約を行っている場合，簡便的な会計処理として，外貨建取引及び金銭債権債務等の両方に予約レートによる円換算

額を付すことができます（この場合，為替予約差額自体が発生しない）。実務的には，多くの場合，この簡便的な会計処理が採用されていると考えられるため，以下では，これに沿った仕訳イメージを示します。

2．仕訳イメージ

米ドル建ての輸出取引（4米ドル）について，売上計上前に為替予約（予約レート：100円/米ドル）を行い，振当処理（のうち簡便的な会計処理）を適用する場合の仕訳イメージは以下のとおりです。

```
【売上の計上及び為替予約の振当処理】
　（借）売　掛　金　　400　（貸）売　上　高　　400
【為替レート変動】
　（仕訳なし）
【売掛金の回収及び為替予約の使用】
　（借）現金及び預金　400　（貸）売　掛　金　　400
```

まず，ヘッジ手段である為替予約を単独で会計処理することはなく，ヘッジ対象である外貨建売掛金と一体で処理します。そして，基本的には，予約レートである100円で売上高（及び売掛金）を計上するため，いわゆる為替予約差額は発生しません。また，入金時にはそのレートで円転できるため，上記のとおり，非常にシンプルな会計処理となります。

3．損益計算書上の見え方

振当処理の場合，売上高（及び売掛金）を予約レートで計上するため，通常の売上に伴う損益影響はありますが（上記2．の仕訳イメージでいうと，400の売上計上），売上計上後の為替レート変動は，外貨建売掛金や為替予約に影響せず，損益計算書にも影響は及びません。

4．貸借対照表上の見え方

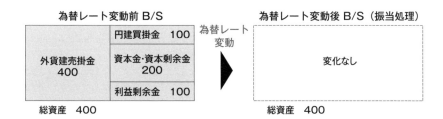

為替レート変動前 B/S

外貨建売掛金 400	円建買掛金　100
	資本金・資本剰余金 200
	利益剰余金　100

総資産　400

為替レート変動

為替レート変動後 B/S（振当処理）

変化なし

総資産　400

　為替予約により為替ヘッジを行う場合，取引前予約なら外貨建売掛金の金額は円貨で固定されるため，為替レートが変動しても，貸借対照表上の影響はありません。

5．将来の財務数値への影響

　振当処理を行った場合，その部分については，その後に為替レートが変動しても，外貨建売掛金や為替予約に影響はありません。したがって，短期的には将来の損益計算書にも影響は及ばないということです。

　しかしながら，振当処理による場合でも，長期的な為替リスクのヘッジは難しいと考えられます。すなわち，常に為替予約をしている場合であっても，予約レート自体が長期的な為替のトレンドに影響されるため，本当に為替レートを固定できるのは，あくまでも短期間になってしまうということです。

7 資金調達・返済

基本ケース⑦ 　**有利子負債により資金調達する**

1．概　要

　企業の基本的な活動として，資金調達がありますが，この資金調達を大きく分けると負債による調達（デット・ファイナンス）と自己資本による調達（エクイティ・ファイナンス）の2つがあります。

　このうち負債（有利子負債）による資金調達としては，①借入れや②社債発行のほか，③コマーシャル・ペーパーの発行もあります。

①　借入金

　負債による資金調達のうち，最も一般的に利用されている方法として，銀行その他の金融機関から借入れがあります。借入金による資金調達は，一定のタイミングで元本の返済が必要になりますが，証書借入れの場合や，手形借入れでも借換えができる前提であれば，比較的長期の資金が調達できます。

　会計上，借入金については，返済期限までの期間に応じて，流動負債の「短期借入金」（返済期限が1年以内に到来する借入金）と，固定負債の「長期借入金」（返済期限が1年超の借入金。ただし，1年以内の返済予定部分は流動負債）に分類されます。

②　社　債

　企業が社債を発行している場合，「社債」として基本的に固定負債に分類されます（ただし，1年以内に償還予定の部分については流動負債）。社債については，その発行により払込みを受けた金額（入金額）が貸借対照表価額となるため，額面金額（債務金額）とは異なる金額で貸借対照表に記載されることがあります。ただし，額面金額との差額は，毎期一定の方法で貸借対照表価額に加減されることとなるため（償却原価法），償還直前には額面金額が貸借対照表価額と一致することになります。

③　コマーシャル・ペーパー

　企業が発行したコマーシャル・ペーパー（CP）については，基本的に流動負債に含まれ，金額的に重要性がある場合には「コマーシャル・ペーパー」として別記されます（電子CPの場合，「短期社債」という科目を使うことも可能です）。CPは，社債と同様，原則として償却原価法に基づいて算定された価額をもって貸借対照表価額とされます。

2．仕訳イメージ

　200の銀行借入れまたは社債発行を行う場合の仕訳イメージは以下のとおりです。

| （借）現金及び預金 | 200 | （貸）借入金・社債 | 200 |

3．損益計算書上の見え方

　借入れまたは社債発行時点では影響はありません。

4．貸借対照表上の見え方

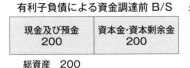

　上図でもわかるとおり，有利子負債による資金調達は，負債比率を上昇させ，自己資本比率を引き下げます（Ⅰ2.(2)(p.7)参照）。負債比率の上昇は，一般的には財務リスク（ファイナンシャル・リスク）の上昇を意味しますが，その裏返しで，業績さえ良ければ，後述のレバレッジ効果により，より高い最終損益（利息控除後利益）が得られるはずです。

コラム 「純」有利子負債とその資金使途

　借入金や社債といった有利子負債の水準を評価するにあたっては，キャッシュ（現金及び預金など）を差し引いた「純」有利子負債の残高（ネット・ポジション）を見ることが多いと考えられます。例えば，借入れを行ったとしても，その資金をまだ投資しておらず，そのまま保有している状態では，「純」有利子負債は増えません。

　逆にいうと，「純」有利子負債を見るときには，それにより調達した資金が「何に使われているか」を見ることが重要になります。新規の資金調達については，資金使途は何らかの「投資」であるケースが多いと思われますが，その投資は自社の設備投資のほか，いわゆるM&Aのための資金調達である場合もあります。また，投資ではなく，調達した資金を「株主還元」に使うケースもあります。すなわち，その資金で自社株買いを行ったり（これは「資本構成の変更」とも解釈できます），配当を行ったり，ということもありえるということです。

5．将来の財務数値への影響

　借入れまたは社債発行により，将来の金利負担が必要になりますが，このような利息の支払い（支払利息や社債利息）については，損益計算書上，営業外費用として経常損益に反映されます。

　また，借入れ等に伴う利払いに関しては，いわゆるレバレッジ効果があります。すなわち，利払いがあるときには，営業利益が一定割合変動した場合の利息控除後利益の変動幅はより大きくなります。これは，端的には，金利は営業利益の変動に合わせて変動しないためです。利益に合わせて変動する配当とは異なり，借入れ等に伴う金利が固定数値であるということは，負債の利用により，少ない自己資金でより大きな投資効果を得られる（可能性がある）ことを意味します。これが（財務）レバレッジ効果です。もちろん，金利は，利益があってもなくても支払う必要があるので，金利が変動しないことは借入れ等による資金調達の最大のリスクともいえます。

基本ケース⑧　新株発行により資金調達する

1．概　要

　基本ケース⑦のとおり，企業の資金調達には，大きく分けて，負債による調達（デット・ファイナンス）と自己資本による調達（エクイティ・ファイナンス）の2つがあります。

　自己資本による資金調達のなかで最も頻繁に利用される方法が普通株式の発行です。「普通株式」とは，権利内容に何ら限定がなく，標準となる株式をいい，一般に「株式」といった場合にはこの普通株式を指します（「種類株式」に対する用語です）。

　普通株式による資金調達は，自己資本に分類され，返済の必要がなく，長期資金の調達に適します。財務比率で見ても，普通株式を発行することで自己資本比率（Ⅰ2．(2)（p.7）参照）が上昇するため，財務的な安定性が増すことが確認できます。

　一方，普通株式による資金調達の一番のネックは，既存株主の持分の希薄化の問題です（株主割当の場合を除く）。すなわち，普通株式による資金調達の場合，新株発行によって，発行済株式総数が増加し，既存株主の持分（1株当たりの当期純利益や純資産など）の減少（希薄化）を引き起こすことがあるということです。

　普通株式を発行した場合，払込みを受けた金額は，原則として「資本金」とする必要がありますが，その2分の1を超えない金額を「資本準備金」とすることもできます。

2．仕訳イメージ

　普通株式100を発行する場合の仕訳イメージは以下のとおりです（払込金額の全額を「資本金」として処理すると仮定します）。

（借）現金及び預金	100	（貸）資　本　金	100

3．損益計算書上の見え方

　影響なし。

4．貸借対照表上の見え方

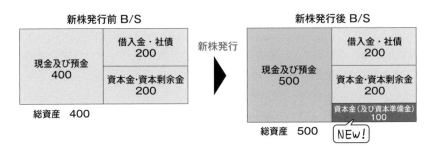

　上図でもわかるとおり，普通株式（自己資本）による資金調達は，自己資本比率を上昇させ，負債比率を引き下げます（Ⅰ2.(2) 参照）。つまり，財務的な安定性が増すことを意味し，安全性という観点からは望ましいことです。しかしながら，一般に負債より自己資本のほうが，資本コストの面で割高となるため，どういう資本構成がベストかは難しい問題です。

　いずれにせよ，自己資本比率や負債比率への影響にも配慮して資金調達が実行されることが多いと考えられます。これらの指標は投資家もモニターしており，企業の格付け等にも影響してくるためです（Ⅰ4.(p.10) 参照）。

5．将来の財務数値への影響

　普通株式の発行による将来の財務数値への影響については，借入金や社債とは異なり，継続的な利息の支払いはなく，少なくとも理論的には，利益が出たときだけ配当すればよいといえます。ただし，上場企業の場合，株主からのプレッシャーがあるほか，無配の状況が続くと，上場廃止基準に抵触する可能性があるため，現実的には配当の支払いを必要とされる局面もあります。なお，配当金は税引後利益から支払われるため，損益計算書には影響しません（**ケース58**参照）。

ケース48　金利スワップにヘッジ会計（特例処理）を適用する

例えば：借入金に係る金利変動リスクを金利スワップにより完全にヘッジ（固定化）する

1．概　要

　企業は借入金や社債などの金利の上昇リスクをヘッジするために，金利スワップを利用するケースがあります。ここで，「金利スワップ」とは，デリバティブの１つであり，変動金利と固定金利など，異なる種類の金利を交換する取引をいいます。例えば，変動金利借入れを金利スワップ（変動金利受取り・固定金利支払い）でヘッジすれば，実質的には固定金利借入れと同じになります。

　金利スワップはデリバティブであるため，会計上は原則として期末に時価評価を行い，評価差額は損益として処理する必要があります（**ケース41**参照）。

　ただし，上記のように借入金や社債をヘッジ対象とする金利スワップが，ヘッジ会計の要件を充足していれば，繰延ヘッジ処理を適用することができます（**ケース42**参照）。つまり，評価差額（含み損益）を損益計算書に影響させず，直接純資産の部に繰延ヘッジ損益として計上できるということです。

　しかしながら，実務上は，金利スワップの諸条件（想定元本・利息の受払条件・契約期間など）が，借入金や社債のそれとピッタリ合わされていて，実質的に金利スワップが借入金や社債と一体になっているケースがあります。例えば，固定金利借入れかと思いきや，「変動金利借入れ＋金利スワップ（変動金利受取り・固定金利支払い）」となっているようなケースです。このような場合，日本の会計基準では，一定の要件を満たせば，会計上も金利スワップを時価評価せず，借入金や社債と一体として取扱う（上記の例では，変動金利借入れではなく，固定金利借入れとして取り扱う）ことが可能です。これは繰延ヘッジ処理に対して，「特例処理」と呼ばれる会計処理です。単純にいうと，金利スワップに特例処理を適用する場合，スワップによる金銭の受払いの純額等を（借入金や社債の）利息に加減するのみになります。

2．仕訳イメージ

　銀行から200の変動金利借入れを行い，それとセットで金利スワップ（変動

金利受取り・固定金利支払い。想定元本・利息の受払条件・契約期間などは借入金と一致）を行い，特例処理を適用する場合の仕訳イメージは以下のとおりです（なお，当期の変動金利を3，固定金利を2とし，金利スワップにより純額で1の受取りが発生すると仮定します）。

```
【変動金利借入れ】
  （借）現 金 及 び 預 金    200    （貸）借    入    金    200
【金利スワップ－特例処理】
  （仕訳なし）
【変動金利借入金の利払い及び金利スワップの金利交換】
  （借）支 払 利 息      3    （貸）現 金 及 び 預 金      3
  （借）現 金 及 び 預 金    1    （貸）支 払 利 息      1
```

3．損益計算書上の見え方

【利払い＋スワップによる金利交換前】		【利払い＋金利交換後】	
営業利益	0	営業利益	0
営業外収益	0	営業外収益	0
営業外費用	0	営業外費用	2
支払利息	0	支払利息	2
経常利益	0	経常利益	▲2

　当期の変動金利は3であるため，変動金利借入れからは3の支払利息が発生します。しかしながら，当期の固定金利は2であるため，変動金利受取り・固定金利支払いの金利スワップは純額で1の受取りになります。これを支払利息から減算すると，上記の損益計算書のとおり，結果としての支払利息は2となり，固定金利の水準に一致します。つまり，金利の固定化というヘッジの効果が損益計算書上で表現されていることになります。

4．貸借対照表上の見え方

　特例処理を適用した金利スワップについては，それ自体が会計処理の対象にならないので，貸借対照表への影響はありません。借入実行による影響があるのみです（**基本ケース⑦**参照）。

| ケース49 | コミットメント・ラインを設定する |

例えば：銀行等の金融機関との間でコミットメント・ライン契約を締結する

1．概　要

　企業は，銀行等の金融機関との間でコミットメント・ライン契約を締結するケースがあります。

　ここで，「コミットメント・ライン契約」とは，銀行等の金融機関との間であらかじめ設定した期間や金額の範囲内で，企業の請求に基づき，金融機関が融資を実行することを約する契約をいいます。つまり，金融機関が貸出しを「コミット」しているということであり，端的には，「融資枠」を指します。

　このコミットメント・ラインがある場合，その枠内であれば，その都度審査を受けることなく，自由に借入れを行うことでき，機動的な資金調達が可能になります。その意味で，資金ショートのリスクが大きく軽減されます。

2．仕訳イメージ

　コミットメント・ラインを設定しただけでは何らの仕訳も必要ありません。ただし，実務的には，将来の借入余力を示す情報として，「借入枠から実行残高を差し引いた額」を財務諸表に注記しているケースも多いと考えられます。

　なお，実際の借入を実行した場合の仕訳については，基本ケース⑦をご参照ください。

3．損益計算書上の見え方

　影響なし。

4．貸借対照表上の見え方

（注）コミットメント・ラインの枠内で100の借入れを実行したと仮定します。

　上図のとおり，未実行のコミットメント・ラインは，ある意味で貸借対照表に表れないキャッシュです。そして，コミットメント・ラインに基づく借入れの実行前後の状況を比較すると，借入れの実行前は，キャッシュと借入金が貸借対照表上に表れてこないため，ROA（Ⅰ2.(1)（p.4）参照）等の観点では，一見資産効率がよく見えるはずです。

5．将来の財務数値への影響

　コミットメント・ラインを維持するためには，借入金の金利よりは水準が低いとしても，手数料を支払う必要があり，その負担が発生します。また，コミットメント・ラインに基づいて融資を受ける場合，貸借対照表上，キャッシュと借入金を両建てで持つことになり，金利負担が発生します。

ケース50	優先株式を発行する

例えば：資金調達の一環として，優先株式を発行する

1．概　要

　企業は，資金調達の一環として，通常の株式（普通株式）のほか，優先株式を発行するケースがあります。

　ここで，「優先株式」とは，種類株式の１つであり，配当や残余財産の分配などについて，他の種類の株式よりも優先的に受け取ることができる地位が与えられた株式をいいます。また，「種類株式」とは，標準的な株式である普通株式とは権利内容の異なる，複数の種類の株式の総称です。例えば，無議決権である代わりに配当優先権が付与された種類株式を発行する場合，無利息の負債を発行するのに近い効果があります。その意味で，優先株式は負債に近い性質を有する場合もあります。

　日本の会計基準では，資本と負債の区分は必ずしも明確ではありませんが，基本的には法的性質に基づいて資本と負債を区分するため，株式である優先株式は資本として取り扱われます。

　したがって，優先株式の発行については，普通株式の発行（**基本ケース⑧**参照）と同様の会計処理になります。

2．仕訳イメージ

　優先株式100を発行する場合の仕訳イメージは以下のとおりです（払込金額の全額を「資本金」として処理すると仮定します）。

（借）現金及び預金　　　　　100	（貸）資　本　金　　　　　100

　財務数値への影響については，基本的に普通株式の場合と同様であるため，**基本ケース⑧**をご参照ください。

ケース51	新株予約権を発行する

例えば：新株予約権を発行し，対価の払込みを受ける

1．概　要

　企業が新株予約権を発行するケースとして，ストック・オプション（**ケース14及び15参照**）を含めて単独で発行する場合もあれば，新株予約権付社債（従

来の転換社債を含む）に付随する形で発行する場合もあります（**ケース54**参照）。

　ここで、「新株予約権」とは、文字どおり株式（新株）をあらかじめ決められた価格で取得する権利をいい、新株予約権の所有者は、それを行使して一定の行使価格を払い込むことにより、その企業の株式の交付を受けることができます。新株予約権の発行企業の立場でいうと、新株予約権が行使された場合、新株発行または自己株式の処分のいずれかの対応が必要になります。

　新株予約権の発行に係る会計処理としては、その発行に伴う払込金額を、純資産の部に「新株予約権」として計上します。新株予約権は、将来、権利行使されて払込資本となる可能性がある一方、権利行使されないまま失効して払込資本とはならない可能性もあり、仮勘定的な性格を有しています。しかしながら、返済義務のある負債とは異なるという点から、純資産の部に記載することとされています。

2．仕訳イメージ

　新株予約権を発行し、100の払込みを受ける場合の仕訳イメージは以下のとおりです。

（借）現金及び預金	100	（貸）新株予約権	100

3．損益計算書上の見え方

　影響なし。

4．貸借対照表上の見え方

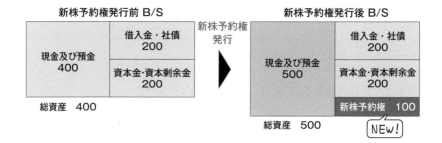

5．将来の財務数値への影響

発行した新株予約権について，権利行使された場合の影響は**ケース52**を，失効した場合の影響は**ケース53**を，それぞれご参照ください。

ケース52	発行した新株予約権が行使される

例えば：発行した新株予約権が行使され，新株を発行する，または自己株式を処分する

1．概　要

企業が新株予約権を発行し（**ケース51**参照），その新株予約権が行使された場合，新株を発行するか，または自己株式を処分するか，のいずれかの対応をとることになります。

(1)新株予約権の行使により新株を発行する場合，「新株予約権の発行に伴う払込金額」と「新株予約権の行使に伴う払込金額」との合計額を，資本金（及び資本準備金）に振り替えます。

一方，(2)新株予約権の行使により自己株式を処分する場合，自己株式処分差額が計上されます（詳細については，**ケース62**参照）。この場合，自己株式処分差額を計算する際の自己株式の処分の対価は，「新株予約権の発行に伴う払込金額」と「新株予約権の行使に伴う払込金額」との合計額となります。

2．仕訳イメージ

(1)新株予約権100の行使に伴い，普通株式が発行され，200の払込みを受ける場合の仕訳イメージは以下のとおりです（払込金額の全額を「資本金」として処理すると仮定します）。

（借）現金及び預金	200	（貸）資　本　金	300
新株予約権	100		

なお，(2)自己株式を処分する場合の仕訳イメージについては，**ケース62**をご参照ください。

3. 損益計算書上の見え方

影響なし。

4. 貸借対照表上の見え方

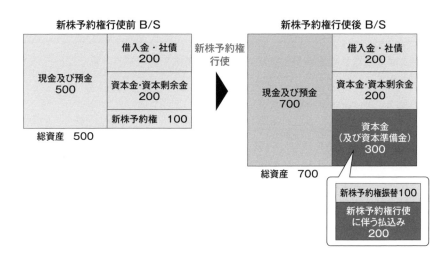

新株予約権行使前 B/S　　新株予約権行使後 B/S

新株予約権の行使による入金額は200で，これが資産サイドの影響です。一方，純資産サイドは，新株予約権からの振替100も含めて，資本金が300増加しています。

ケース53	発行した新株予約権が失効する

例えば：発行した新株予約権が権利行使期間満了を迎えて失効する

1. 概　要

企業が新株予約権を発行した場合（**ケース51**参照），そのすべてが行使されるとは限らず，新株予約権が行使されないまま権利行使期間の満了を迎えて失効するケースもあります。

この場合，失効に対応する額を失効が確定した期の利益として処理します（原則として特別利益）。

2．仕訳イメージ

新株予約権100が失効する場合の仕訳イメージは以下のとおりです。

（借）　新　株　予　約　権	100	（貸）　新株予約権戻入益	100

3．損益計算書上の見え方

【新株予約権失効前】		【新株予約権失効後】	
経常利益	0	経常利益	0
特別利益	0	特別利益	100
		新株予約権戻入益	100
特別損失	0	特別損失	0
税引前利益	0	税引前利益	100

　上記のとおり，新株予約権の失効により，利益（特別利益）が計上されます。つまり，この取引は資本取引ではなく損益取引ということです。意味合いとしては，企業はただ（新株予約権の発行に伴う）対価を受け取っただけで，何もしていないため，その分が利益になっていると解釈できます。

4．貸借対照表上の見え方

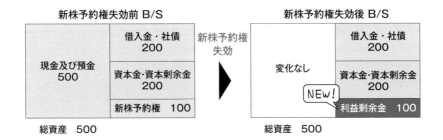

　正確な表現ではないですが，貸借対照表上の見え方としては，仮勘定的に新株予約権として置いていたものが，損益計算書を通じて利益剰余金に振り替わる形になっています。

ケース54	新株予約権付社債を発行する

例えば：資金調達の一環として，新株予約権付社債を発行する

1．概　要

　企業は，資金調達の一環として，通常の社債（普通社債）のほか，新株予約権付社債を発行するケースがあります。

　ここで，「新株予約権付社債」とは，文字どおり新株予約権（**ケース51**参照）が付された社債をいいます。会計上，この新株予約権付社債は，(1)かつて「転換社債」と呼ばれていたもの（転換社債型新株予約権付社債）と(2)それ以外のもの（転換社債型新株予約権付社債以外の新株予約権付社債）に分類されます。

(1)　転換社債型新株予約権付社債

　転換社債型新株予約権付社債とは，かつて「転換社債」と呼ばれていたもので，端的には一定の条件で発行体の株式に転換できる権利が付いた社債^(注)です。

(注) 会計上は，「募集事項において，社債と新株予約権がそれぞれ単独で存在し得ないこと，及び新株予約権が付された社債を当該新株予約権行使時における出資の目的とすることをあらかじめ明確にしている新株予約権付社債」と定義されています。

　この転換社債型新株予約権付社債を発行する場合，以下の「一括法」または「区分法」のいずれかの方法により会計処理を行います。

> ①　一括法：社債の対価部分と新株予約権の対価部分に区分せずに処理する方法
> ②　区分法：社債の対価部分と新株予約権の対価部分に区分して処理する方法

　②区分法は，払込資本を増加させる可能性のある部分（新株予約権部分）をその可能性がない部分（社債部分）から区分して処理することを求めるものです。一方，①一括法は，あえて新株予約権部分を区分せず，あたかも普通社債を発行したかのように会計処理するということです（かつての転換社債と経済的実質が同一であるため）。

(2)　転換社債型新株予約権付社債以外の新株予約権付社債

　転換社債型新株予約権付社債以外の新株予約権付社債を発行する場合，社債の対価部分と新株予約権の対価部分に区分して処理します。

２．仕訳イメージ

　(1)転換社債型新株予約権付社債100を発行する場合，及び(2)転換社債型新株予約権付社債以外の新株予約権付社債100を発行する場合の仕訳イメージは以下のとおりです（社債の対価部分が90，新株予約権の対価部分が10であると仮定します）。

【(1)　転換社債型新株予約権付社債の発行(注)】			
(借)　現金及び預金	100	(貸)　新株予約権付社債	100
【(2)　転換社債型新株予約権付社債以外の新株予約権付社債の発行】			
(借)　現金及び預金	100	(貸)　社　　　　債	90
		新 株 予 約 権	10

(注)　①一括法で処理すると仮定します。なお，②区分法で会計処理する場合は，(2)と同様の仕訳になります。

　財務数値への影響については，社債部分は**基本ケース⑦**を，新株予約権部分は**ケース51**をそれぞれご参照ください。

ケース55　資金調達に付随する費用を支払う

例えば：新株発行に伴って株式交付費を支払う，または社債発行に伴って社債発行費を支払う

１．概　要

　企業が資金調達を行う際には，それに付随する各種の費用が発生するのが一般的です。資金調達に付随する費用の例としては，①新株発行の際の株式交付費や，②社債発行の際の社債発行費があります。

　まず，①「株式交付費」とは，新株の発行または自己株式の処分に係る費用であり，具体的には，株式募集のための広告費，金融機関の取扱手数料，証券会社の取扱手数料，目論見書・株券等の印刷費，変更登記の登録免許税，その他株式の交付等のために直接支出した費用をいいます。

　日本の会計基準では，株式交付費は，原則として，支出時に費用（営業外費用）として処理します。ただし，企業規模の拡大のためにする資金調達などの財務活動に係る株式交付費については，繰延資産に計上することができます。繰延資産として計上する場合には，株式交付のときから３年以内のその効果の及ぶ期間にわたって，定額法により償却する必要があります。

　次に，②「社債発行費」とは，社債募集のための広告費，金融機関の取扱手数料，証券会社の取扱手数料，目論見書・社債券等の印刷費，社債の登記の登録免許税その他社債発行のため直接支出した費用をいいます。

　日本の会計基準では，社債発行費についても，株式交付費と同様，原則として，支出時に費用（営業外費用）として処理しますが，繰延資産に計上することもできます。繰延資産として計上する場合には，社債の償還までの期間にわたって，利息法（または継続適用を条件として定額法）により償却する必要があります。

２．仕訳イメージ

　株式交付費または社債発行費100を支払う場合の仕訳イメージは以下のとおりです。

【(1)　費用処理する場合】			
（借）株式交付費または社債発行費	100	（貸）現金及び預金	100
【(2)　資産計上する場合】			
（借）繰延資産	100	（貸）現金及び預金	100

３．損益計算書上の見え方

(1)　費用処理する場合

【株式交付費・社債発行費支出前】		【株式交付費等支出後（費用処理）】	
営業利益	0	営業利益	0
営業外収益	0	営業外収益	0
営業外費用	0	営業外費用	100
支払利息	0 →	支払利息	0
		株式交付費（社債発行費）	100
経常利益	0	経常利益	▲100

　株式交付費や社債発行費の損益計算書上の見え方としては，他の資金調達コストとともに，営業外費用に計上される形になります。

⑵　資産計上する場合

　繰延資産として資産計上する場合は，支出時点では損益計算書に影響はありません。

4．貸借対照表上の見え方

5．将来の財務数値への影響

　⑵繰延資産として資産計上する場合，将来的には償却により徐々に費用化されていきます。したがって，⑴費用処理する場合とは損益影響のタイミングは異なりますが，最終的には（つまり，全額償却後は）費用処理した場合と同じ結果になります。

ケース56	株式を分割・併合する

　例えば：流動性の向上を目的として株式を分割する，または株価の引上げを目的として株式を併合する

1．概　要

　企業は，自社が発行している株式について，株式分割や株式併合を行うケースがあります。

　「株式分割」とは，既存の1株を複数（例えば，2株）の株式に分割（細分化）し，発行済株式総数を増加させることをいいます。株式分割により，1株を2株に分割すると，株式数は2倍になる一方，理論上の株価は半分になります。この株式分割は，株式の市場での流通性を高める等の目的で実施され，企業の説明でも，よく「流動性の向上を目的として」といった表現が見られます。また，配当をせずに内部留保を充実させる方針の企業が，株主に資金化の手段を提供するために株式分割を行うケースもあると考えられます（つまり，売却による資金化をしやすくする）。なお，株式分割は（取締役会設置会社においては）取締役会の決議で行うことができます。

　一方，「株式併合」とは，逆に既存の複数（例えば，2株）の株式を1株に併合（統合）し，発行済株式総数を減少させることをいいます。株式併合により，2株を1株に併合すると，株式数は半分になる一方，理論上の株価は2倍になります。なお，この株式併合は，株式分割とは逆に，株価の引上げ等を目的として実施されます。株式分割とは異なり，株式併合には株主総会の特別決議が必要とされます。

2．仕訳イメージ

　株式分割・株式併合とも，株式の発行会社においては特段の会計処理は不要であり，貸借対照表や損益計算書にも影響はありません。

| ケース57 | 有利子負債を削減する |

例えば：資産売却により得た資金で借入金を返済する

1．概　要

　企業は，借入金や社債といった有利子負債による資金調達とは逆に，借入金の返済や社債の償還という形で有利子負債の削減を行う場合があります。

　その場合の原資としては，余剰資金の他，資産売却なども考えられます。例

えば，遊休資産や持ち合い株式を売却して資金を捻出し，それを借入金等の有利子負債の返済に充てるようなケースです。

　また，新株発行により調達した資金で有利子負債を返済する形も考えられます。これは例えば，総資本（負債と自己資本の合計）を一定に保ちながら負債比率（Ⅰ2.(2)(p.7)参照）を調整するようなケースが該当します。

2．仕訳イメージ

　銀行借入れを100返済する，または社債を100償還する場合の仕訳イメージは以下のとおりです。

（借）借入金・社債	100	（貸）現金及び預金	100

3．損益計算書上の見え方

　有利子負債の削減時点では，損益計算書には影響はありません。

4．貸借対照表上の見え方

有利子負債削減前 B/S

現金及び預金 400	借入金・社債 200
	資本金・資本剰余金 200

総資産　400

→ 有利子負債削減

有利子負債削減後 B/S

現金及び預金 300	借入金・社債 100
	有利子負債の削減
返済支出	資本金・資本剰余金 200

総資産　300

コラム　有利子負債の削減は本当に好ましいことか

　有利子負債の水準には投資家も注目しており，企業としても，自社の有利子負債の水準はうまく説明できるようにしておく必要があります。

　まず，有利子負債の削減を達成したタイミングでは，「財務内容の健全性」といった観点を前面に押し出すのが一般的です。例えば，「遊休不動産の売却により有利子負債の削減を進めた結果，負債比率（D/E レシオ）は…倍まで低下し，同時に自己資本比率は…％まで上昇したため，財務内容の健全性は大幅に高まった」などの説明はよく見られます。

　しかしながら，もともと財務の安定性が高い場合，実際にはROE（Ⅰ2.(1)(p.4)参照）などの収益性を示す指標がより重視されるケースもあります。こ

のような状況では，レバレッジの観点から，有利子負債を積み上げたほうが好ましく，有利子負債の削減がマイナスの影響を及ぼすことがあります。

　つまり，有利子負債の削減は必ずしもポジティブな影響を与えるとは限らず，その効果は，財務内容や収益の安定性など個々の企業の状況によるという点には注意が必要です。

5．将来の財務数値への影響

　有利子負債の削減により，将来の金利負担は軽減され，この効果は損益計算書上，営業外費用の減少として経常損益に反映されます。

ケース58	配当を支払う

例えば：配当政策に従い，その他利益剰余金を原資として配当を支払う

1．概　要

　企業が通常支払う配当は，その他利益剰余金（利益準備金以外の利益剰余金）を原資としています。

　配当の支払いについて，その水準は（分配可能額の限度内で）企業が自由に決定できます。しかしながら，実務的には，多くの企業が明示的または暗示的に自社の配当政策を示しており，それに従って配当額を決定しているため，完全に自由に配当水準を決められるわけではありません。

　配当政策の基礎となる指標には，配当性向や純資産配当率などがあります。ここで，「配当性向」は当期純利益に対する配当の割合であり，「純資産配当率」は純資産に対する配当の割合です。したがって，フロー数値に連動する前者のほうが変動しやすいですが，いずれにせよ企業にとっては，利益や純資産の一定割合を株主に還元する必要があることを意味します。

　理論的には，キャッシュ・フローが安定する一方，魅力的な投資機会がないようであれば，内部留保せず，配当の形で株主に資金を還流させるべきということになります。このような観点から，安定的に支払われる普通配当に加えて，業績に応じて特別配当を上乗せで支払うケースもあります（その他，「創業…周年」などのイベントに応じた記念配当もあります）。

　逆に，企業に成長分野への投資機会（例えば，研究開発投資など）があれば，

「配当せずに内部留保を充実させる」という判断は，投資家の理解を得られる可能性があります。特に成長性は高いものの，相対的にリスクの高い事業分野への投資を行う場合，配当水準を引き下げて，内部留保を充実させるようなケースも見られます。

2．仕訳イメージ

その他利益剰余金を原資として，配当金100を支払う場合の仕訳イメージは以下のとおりです。

（借）その他利益剰余金	100	（貸）現金及び預金	100

（注）実際には，源泉徴収が必要になり，その部分は「預り金」などの科目で処理されます。

3．損益計算書上の見え方

利息の支払いとは異なり，配当の支払いは税引後利益から行われるため，損益計算書には影響はありません（費用としては認識されません）。配当の支払いは，株主資本等変動計算書に反映されます。

4．貸借対照表上の見え方

配当前 B/S

現金及び預金 300	資本金・資本剰余金 200
	その他利益剰余金100

総資産　300

配当

配当後 B/S

現金及び預金 200	資本金・資本剰余金 200
配当の支払い	その他利益剰余金減少

総資産　200

貸借対照表上は，キャッシュ（資産）と利益剰余金が減少する形となり，利益を計上する場合と逆の影響があります。

ケース59	資本剰余金から配当を支払う

例えば：配当水準を維持するために，資本剰余金を原資として配当を支払う

1. 概 要

　通常,「配当」というと,「その他利益剰余金」からの配当を指しますが (**ケース58**参照),会社法上,企業は「その他資本剰余金」から配当を行うことも可能です。それほど頻繁に行われるわけではないですが,利益剰余金がない場合に,配当水準を維持するために資本剰余金から配当が行われるケースはあります。

　資本剰余金は,資本取引（株主からの払込み）により生じた剰余金（払込剰余金）であり,資本準備金とその他資本剰余金により構成されます。その他資本剰余金については,資本準備金「以外」の資本剰余金という意味で,「その他」資本剰余金と呼ばれます（利益準備金以外の利益剰余金が「その他」利益剰余金と呼ばれるのと同様です）。その他資本剰余金は,「資本金及び資本準備金の額の減少により生じた剰余金」と「自己株式処分差益」(**ケース62**参照)により構成されます。

　その他資本剰余金は欠損填補に用いることもできますが,利益剰余金と同様,配当の財源ともなります。上記のとおり,その他資本剰余金の内容は原則として株主からの払込資本であるため,その他資本剰余金の処分による配当は,投資成果の分配である利益剰余金からの配当とは異なり,基本的には投資の払戻しの性格を持っています。

2. 仕訳イメージ

　その他資本剰余金を原資として,配当金100を支払う場合の仕訳イメージは以下のとおりです。

（借）その他資本剰余金	100	（貸）現金及び預金	100

(注) 実際には,源泉徴収が必要になる場合があり（税務上のみなし配当が発生する場合）,その部分は「預り金」などの科目で処理されます。

3. 損益計算書上の見え方

　損益計算書には影響はありません。利益剰余金からの配当と同様,その他資本剰余金を原資とする配当の支払いは,株主資本等変動計算書に反映されます。

4. 貸借対照表上の見え方

その他資本剰余金からの配当前 B/S

| 現金及び預金
300 | 資本金・資本剰余金
200 |
| | 利益剰余金 100 |

総資産 300

その他資本剰余金からの配当

その他資本剰余金からの配当後 B/S

現金及び預金 200	資本金・資本剰余金100
	その他資本剰余金減少
配当の支払い	利益剰余金 100

総資産 200

| ケース60 | 株主優待制度を導入する |

例えば：株主優待制度を導入し，株主に自社製品や金券などを提供する

1. 概 要

　株主還元の形として，配当に加えて，自社製品や金券などを提供する株主優待制度を導入している企業があります。株主優待制度は，株式持ち合いが解消される方向性のなか，自社の株式を長期保有してくれる（しかも機関投資家ほど経営に口出ししない）個人株主を開拓する手段の1つと位置付けられています。

　このような株主優待制度は，株主の側から見れば配当に類似した効果があり，株主還元策の評価にあたっては，「株主優待を含めた投資利回り」が評価対象になることもあります。しかしながら，会計上はあくまでも配当ではなく，費用として認識されます。

　株主優待制度については，一般に（利益配分の基礎となる）利益の発生タイミングで，翌期以降に負担する株主優待のための費用を見積り，引当金（株主優待引当金）として計上します。また，株主優待の内容が自社サービスの場合などで，必ずしも株主が利用するとは限らない場合には，過去の利用実績等を用いて，合理的な見積額を算定する必要があります。

　なお，株主優待引当金は，株主優待制度の有効期間にもよりますが，流動負債に計上される場合が多いと考えられます。

2．仕訳イメージ

　当期の利益に対応する株主優待のための費用（翌期以降支払い予定）を100
と見積もる場合の仕訳イメージは以下のとおりです。

（借）株主優待引当金 　　　繰　入　額	100	（貸）株主優待引当金	100

3．損益計算書上の見え方

【株主優待引当金設定前】		【株主優待引当金設定後】	
売上高	0	売上高	0
売上原価	0	売上原価	0
売上総利益	0	売上総利益	0
販売費及び一般管理費	0 ➡	販売費及び一般管理費	100
営業利益	0	営業利益	▲100

　株主優待制度による分配は，配当とは異なり，費用として処理されるため，
損益計算書に影響があります。

4．貸借対照表上の見え方

　配当と同様，株主優待制度による分配（費用計上）も，利益剰余金を減少さ
せます（ただし，配当とは異なり，損益計算書を経由します）。また，上図は
未払い（引当金）の状態ですが，最終的にはキャッシュ・アウトを伴うことが
多いと考えられます。したがって，単純にいうと，貸借対照表上はその他利益
剰余金から配当を支払う場合と同じような影響があります。

ケース61	自己株式を取得する

例えば：株主還元の一環として，自社株買いを行う

1．概　要

　企業は配当に加えて，自社株買い（自己株式の取得）を行うケースもあります。

　自己株式の取得は，端的にはいったん発行した株式を買い戻すことを意味します。株主に資金を払い戻すという意味では配当と同じですが，自社株買いは基本的に余剰資金を株主に返還するという単発の取引であり，水準の維持が必要とされる配当とは異なります。

　自社株買いを行う目的は，配当と類似しており，企業が魅力的な投資案件を持っていない場合に，資金を株主に返還することにあります。

　また，自社株買いは，資本構成（負債と自己資本のバランス）の変更に使われる場合もあります。例えば，負債の活用により，ROEを引き上げる，または資本コストを引き下げるという方策をとる場合，社債等の負債の形で資金調達し，それと自己株式の取得を組み合わせることで，手許資金の残高を変動させることなく，負債比率（Ⅰ2．⑵（p.7）参照）を引き上げることができます。

　その他，近年の持ち合い解消の流れの中で，持ち合い先の株式の売却資金などを原資に，持ち合い先が保有する自社の株式を自社株買いの形で買い取るケースも見られます。

　いずれのケースでも，取得した自己株式は，資産としてではなく，純資産のマイナス（株主資本に対する控除項目）として処理されます。具体的には，その取得原価をもって，（純資産のうち）株主資本の末尾に「自己株式」としてマイナス金額で表示されます。

　なお，自社株買いにより取得した自己株式については，消却する（**ケース63**参照）ほか，市場で処分する（**ケース62**参照）という選択肢もあります。

2．仕訳イメージ

　自己株式を100で取得する場合の仕訳イメージは以下のとおりです。

（借）自　己　株　式	100	（貸）現金及び預金	100

（注）実際には，源泉徴収が必要になる場合があり（税務上のみなし配当が発生する場合），その部分は「預り金」などの科目で処理されます。

3．損益計算書上の見え方

影響なし。

4．貸借対照表上の見え方

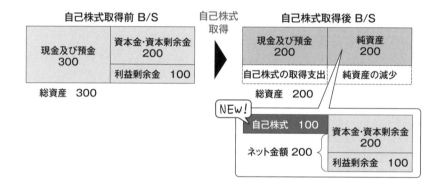

上図のとおり，貸借対照表で見ると，自己株式の取得は資本の払戻しと同じように見えます。

なお，自社株買いについては，「資本効率の向上を目的として実施する」と説明される場合も多いと思われます。これは，自社株買いの場合，配当よりも機動的にまとまった資金（余剰資金）を株主に返還できるためです。上図からもわかるとおり，余剰資金の株主還元により，総資産や自己資本が圧縮されるため，仮に収益が一定に保てるのであれば，ROAやROEの観点で見ても（Ⅰ2.(1)(p.4)参照）資本効率が向上するというのが上記の意味合いです。

> **コラム　総還元性向に基づく株主還元策の意味合い**
>
> 株主還元策に関して，配当性向（＝配当総額÷当期純利益）ではなく，自己株式の取得も合わせた総還元性向という指標の目標値を設定する企業もあります。「総還元性向」とは，端的には，「配当総額＋自己株式取得総額」を「当期純利益」で除したものです。

　株主への還元という視点では，まずは通常の配当（普通配当）が基礎になりますが，特別配当を上乗せする場合があります。この特別配当は，安定配当という概念ではなく，例えば業績が極めて良かった期や資産売却により余剰資金が発生した期などに一時的に支払うものです。つまり，普通配当よりも柔軟性が高いものと整理できます。ここまでは配当性向でカバーされます。

　そして，特別配当よりもさらに一時的な還元という性格が強いのが自社株買いです。自社株買いについては，配当よりも機動的に株主に資金を還元することができ，一時に大量の資金を還元することもできます。この自社株買いも含めてカバーするのが総還元性向という位置付けです。

　以上のように，総還元性向における総還元は，「通常の配当（安定配当）→特別配当→自社株買い」の順に一時的な性質が強くなっていきます。

5．将来の財務数値への影響

　取得した自己株式は，実質的には他社の株式と同様の金融資産と考えることもでき，したがって，他の金融資産と同様の使い方も可能です。すなわち，そのまま保有し続けることができますが，その他，市場で処分したり，消却したり，という対応も考えられます（その他，組織再編の際に利用される場合もあります）。処分及び消却の場合の財務数値への影響については，それぞれ**ケース62及び63**をご参照ください。

　なお，自己株式として保有している間は，配当を受けることはできません。

ケース62	取得した自己株式を処分する

例えば：新株発行に代えて，取得した自己株式を処分する

1．概　要

　企業が自社株買いにより取得した自己株式（**ケース61**参照）については，まず市場などで処分するという選択肢があります。

　自己株式の市場での処分については，株主への還元という性格を持つ自己株式の取得とは逆の行為であり，株式の発行（**基本ケース⑧**参照）と同様，資金調達の手段となります。

　取得した自己株式を処分する場合の会計処理としては，処分に伴って認識される譲渡損益（的なもの）は，資本取引として損益計算書には反映させず，純

資産を直接増減させる形で処理されます。

　具体的には，取得原価を上回る価格で自己株式を処分し，差益が計上される場合，その「自己株式処分差益」は「その他資本剰余金」（その内容については，**ケース59**参照）として処理されます。

　一方，取得原価を下回る価格で自己株式を処分し，差損が計上される場合，その「自己株式処分差損」は「その他資本剰余金」から控除されます。また，その他資本剰余金から控除しきれない場合（その他資本剰余金がゼロになる場合）には，「その他利益剰余金」から控除します。

　いずれにせよ，損益は発生しません。

２．仕訳イメージ

　自己株式（取得原価100）を200で処分する場合の仕訳イメージは以下のとおりです。

| （借）現金及び預金 | 200 | （貸）自 己 株 式 | 100 |
| | | 自己株式処分差益 | 100 |

３．損益計算書上の見え方

　自己株式処分差益は，その他資本剰余金であるため，損益計算書には影響しません（自己株式処分差損が計上される場合も同様に影響なし）。

４．貸借対照表上の見え方

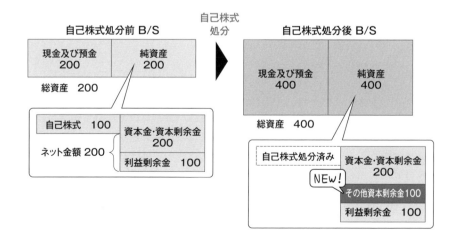

　上図のとおり，自己株式の処分により200のキャッシュ・インフローがあり，同額だけ純資産も増加しています。すなわち，自己株式の処分は，新株発行（**基本ケース⑧**参照）と同様，自己資本による資金調達であることが確認できます。ただし，増加する純資産の内訳は，自己株式の減少100とその他資本剰余金の増加（自己株式処分差益の計上）100となっています。

　なお，処分差損が計上される場合も同様にキャッシュ・インフローはありますが，「自己株式処分差損」は「その他資本剰余金」から控除されるため，上図とは若干異なる見え方になります。

5．将来の財務数値への影響

　処分した自己株式に係る将来の配当について，新株発行の場合と同様の影響があります（**基本ケース⑧**参照）。これは，自己株式として保有している間は，その部分について配当を支払わないためです（**ケース61**参照）。

ケース63	取得した自己株式を消却する

例えば：株価対策として，取得した自己株式を消却する

1．概　要

　企業が自社株買いにより取得した自己株式（**ケース61**参照）については，市場などで処分する（**ケース62**参照）ほか，消却するという選択肢もあります。

　自己株式の消却は，文字どおり，買い戻した自己株式を消滅させることをいいます。株式会社は，自己株式を任意に消却することができます。消却により自己株式が再度株式市場に流通しないことが確定するため，需給関係が改善し，株価対策としては一定の効果があるといわれています。

　取得した自己株式を消却する場合の会計処理については，**ケース62**で「自己株式処分差損」が計上される場合と類似しています。すなわち，消却の対象となる自己株式の取得原価（帳簿価額）を「その他資本剰余金」から控除し，控除しきれない場合には，「その他利益剰余金」から控除します。

　つまり，損益は発生しません。

2．仕訳イメージ

自己株式100を消却する場合の仕訳イメージは以下のとおりです。

| （借）その他資本剰余金 | 100 | （貸）自 己 株 式 | 100 |

3．損益計算書上の見え方

影響なし。

4．貸借対照表上の見え方

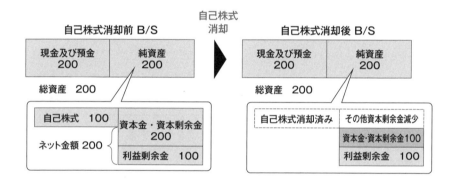

　自己株式の消却により，自己株式とその他資本剰余金が相殺されるイメージになりますが，これはあくまでも純資産の内訳の変化であり，純資産の総額は変化しません。

8 税 務

基本ケース⑨ | 税金引当を行い，その後納税を行う

1．概 要

　企業は，一般に利益（正確には，課税所得その他の課税標準）に対して税金を支払います。

　企業が支払う税金には様々な種類がありますが，最も重要な所得に対する税金（法人税，地方法人税，住民税及び事業税（所得割））については，税引前損益（税引前当期純利益または損失）の次に，「法人税，住民税及び事業税」として表示されます。

　一方，事業税のいわゆる外形標準課税（付加価値割及び資本割）については，原則として，販売費及び一般管理費として表示されます（ただし，例外的にその一部を売上原価として表示することも可能です）。

　いずれについても，損益計算書には当期の所得等に対応する税金費用が計上されます。つまり，そのうち一部は翌期に支払われますが，当期においてその見積りを行う必要があるということです。逆にいうと，キャッシュ・ベースで税金費用を計上するわけではありません。

2．仕訳イメージ

　税引前利益300に対して，対応する税金費用として，法人税等（法人税，地方法人税，住民税及び事業税（所得割））90と事業税（外形標準課税）10を計上する場合の仕訳イメージは以下のとおりです（ただし，税引前利益は事業税（外形標準課税）考慮後の数値とし，税効果は無視します）。

【法人税等】			
（借）法人税,住民税 及び事業税	90	（貸）未払法人税等	90
【事業税（外形標準課税）】			
（借）租税公課 （販売費及び一 般管理費）	10	（貸）未払法人税等	10

3．損益計算書上の見え方

【税金引当前】		【税金引当後】	
売上総利益	310	売上総利益	310
販売費及び一般管理費	0 ➡	販売費及び一般管理費	10
営業利益	310	営業利益	300
（中略）		（中略）	
税引前利益	310	税引前利益	300
法人税,住民税及び事業税	0 ➡	法人税,住民税及び事業税	90
法人税等調整額	0	法人税等調整額	0
当期純利益（税引後）	0	当期純利益（税引後）	210

　上記のとおり，引き当てた税金の一部（事業税の外形標準課税部分）は，販売費及び一般管理費に区分するため，この部分だけは営業損益段階から影響があります。

コラム　実は難しい税金費用の見積り

　税引後利益を見積もる際には，税金費用（＝法人税,住民税及び事業税＋法人税等調整額）の見積りも必要になります。この場合，税金費用の水準は，「税引前利益に実効税率を乗じた金額」に近似する企業もありますが，そうでない企業もあります。

　税金費用が実効税率ベース（＝税引前利益×実効税率）から乖離するのは，例えば，以下のような状況です。

- 交際費等や寄附金といった損金算入されない費用が多く，税金費用が相対的に大きくなる
- 逆に受取配当金などの益金算入されない収益が多く，税金費用が相対的に小さくなる
- 税額控除により税金費用が相対的に小さくなる

・税効果の影響で税金費用が影響を受ける（**ケース67及び68**参照）

　また，連結ベースで見た場合，日本と実効税率が異なる海外子会社があれば，それも税金費用が（日本の）実効税率ベースから乖離する原因になります。

　したがって，予算などで税引後利益を試算する際には，単純に税引前利益に実効税率を乗じるだけでは不十分で，これらの乖離要因も考慮したうえで，税引後利益の水準を予測する必要があります。

4．貸借対照表上の見え方

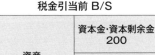

　法人税，住民税及び事業税等のうち未納付の税額は，貸借対照表上，流動負債の区分に「未払法人税等」として表示されます。逆に還付ポジションの場合（例えば，確定税額が中間納付税額を下回る場合）には，流動資産の区分に「未収還付法人税等」として表示されます。

5．将来の財務数値への影響

　翌期における法人税等の納付時には，未払法人税等の取崩しとなるため，損益計算書に影響はありません。しかしながら，実務的には，決算上で見積計上した法人税等と実際の申告納付額に差異が生じることがあり，その場合には新たに税金費用が生じることがあります（詳細は割愛しますが，特に一時差異以外の差異に決算・申告差額が生じる場合）。

　なお，将来における税務調査の影響について，**ケース65及び66**をご参照ください。

ケース64	有税処理を行う

　例えば：棚卸資産の帳簿価額を切り下げるが，税務上は損金算入が認められない

1．概　要

(1)　有税処理とは（一時差異の発生）

　企業が会計上の要請で費用や損失の見積計上を行った場合，税務上は損金算入できない場合が多いですが，このような費用や損失の計上を一般に「有税処理」といいます（税金の削減効果がないので，このような呼び方をします）。例えば，滞留している棚卸資産について計上した会計上の評価損（帳簿価額の切下げ）が税務上は損金算入できないケースなどがこれに該当します。

　有税処理を行うと，多くの場合，会計上の資産・負債の金額と税務上の資産・負債の金額との間に差異が生じますが，このように，会計と税務の間の収益・費用の帰属年度の相違から生じる差異を「一時差異」と呼びます。

　上記の棚卸資産の帳簿価額の切下げの例について，図表64－1で見てみます。当初は，棚卸資産の会計簿価も税務簿価も300ですが，会計上は100の評価損が計上され，会計簿価は200になっています。これが有税処理（つまり，税務上は評価損が損金算入できない）とすると，税務簿価は300のままで，会計簿価の200との間に100の「差異」が生じています。

【図表64－1】一時差異の発生

　では，これがなぜ「一時」差異かというと，この差異は会計上の費用計上時期と税務上の損金算入時期が異なることで生じているものだからです。つまり，会計上は棚卸資産を評価減したときに費用処理されますが，税務上は棚卸資産を処分して初めて損金算入されます。その意味で，会計処理が先行することに

はなるものの，結局は（棚卸資産の処分時などには）税務上の処理が会計上の
処理に追いつくことになります。これが「一時」の意味です。

⑵　一時差異に対する税効果会計の適用

　一時差異は税効果会計の対象となり，対応する繰延税金資産や負債が計上さ
れます（上記の棚卸資産の例では繰延税金資産が計上されます）。これは，一
時差異の解消タイミングで，税金を減額または増額させる効果があるためです。
　一時差異が解消するのは，一時差異が発生した資産・負債が将来回収・決済
される場合などです。上記の例でいうと，有税で評価減した棚卸資産を販売す
ると，会計上も税務上も棚卸資産は売上原価に姿を変えるため，当然ながら一
時差異も解消します（棚卸資産を廃棄する場合も同様です）。
　この場合，会計と税務の間で，もともとの棚卸資産の簿価が異なるため，販
売時の売上原価も異なることになります（会計上の売上原価200に対して，税
務上の売上原価300。図表64－2参照）。

【図表64－2】一時差異の解消

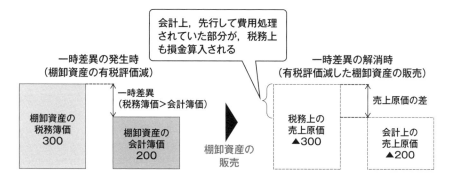

　ここで，仮に棚卸資産の販売価格が300だったとすると，会計上は100の利益
（売上総利益）が計上されるのに対して，税務上は所得が発生しません（販売
価格300＝税務上の売上原価300であるため）。つまり，この100の利益に対して
は，法人税等の納税は必要ないということです。
　税効果会計では，一時差異が解消されるときに，税金を減額または増額させ
る効果がある場合に，その一時差異の発生年度にそれに対する繰延税金資産ま

たは負債を計上することとされていますが，上記の例でいう一時差異100は，その解消時に税金を減額させる効果を持っているといえます。したがって，この一時差異100に対しては，その発生タイミングである有税評価減時に，法定実効税率を乗じて繰延税金資産を計上します（法定実効税率を30％とすると，繰延税金資産は30）。一時差異の解消時における税金の減額効果に対して，一時差異の発生時点で資産性を見出しているわけです。

(3) 将来減算一時差異に対する繰延税金資産の計上

上記の棚卸資産の評価損のように，差異が生じたときに課税所得の計算上加算され，将来，差異が解消するときに課税所得の計算上減算される一時差異を「将来減算一時差異」といいます。

将来減算一時差異については，その発生時に（税金の減額効果見合いの）繰延税金資産が計上されます。ただし，繰延税金資産については，回収可能性があるものに限定して計上する必要があります。繰延税金資産の基礎となる将来減算一時差異等は，その定義から，その解消時（将来）の課税所得の計算上減算されるものです。これが税金の減額効果を持つためには，①その将来減算一時差異等が，実際に将来において解消し，かつ②それが解消した年度において，その減算に見合う課税所得が発生していることが条件になります。単純にいうと，この条件が満たされていれば，繰延税金資産に回収可能性があり，満たされていなければ，回収可能性がないということです。

2．仕訳イメージ

棚卸資産の帳簿価額の切下げ100が有税処理となる場合の仕訳イメージは以下のとおりです（実効税率を30％と仮定します。なお，棚卸資産の帳簿価額の切下げの会計処理については，ケース12参照）。

【(1) 繰延税金資産の回収可能性がある場合】			
（借）売 上 原 価 100	（貸）棚 卸 資 産	100	
（借）繰延税金資産 30	（貸）法人税等調整額	30	
【(2) 繰延税金資産の回収可能性がない場合】			
（借）売 上 原 価 100	（貸）棚 卸 資 産	100	

3．損益計算書上の見え方

(1)　繰延税金資産の回収可能性がある場合　棚卸資産簿価切下げ

【有税処理（棚卸資産簿価切下げ）前】		【有税処理後（繰延税金資産回収可能）】	
税引前利益	100 ➡	税引前利益	0
法人税, 住民税及び事業税	30	法人税, 住民税及び事業税	30
法人税等調整額	0 ➡	法人税等調整額	▲30
当期純利益（税引後）	70	当期純利益（税引後）	0

　繰延税金資産の回収可能性がある場合には，税引前利益の減少に伴い税金費
用も減少します（30から0に減少）。したがって，有税処理として行う棚卸資
産の帳簿価額の切下げの最終損益へのインパクトは，税金費用の減少分だけ相
殺され，ネットで70（＝100×（1－実効税率））になります。

(2)　繰延税金資産の回収可能性がない場合　棚卸資産簿価切下げ

【有税処理（棚卸資産簿価切下げ）前】		【有税処理後（繰延税金資産回収不能）】	
税引前利益	100 ➡	税引前利益	0
法人税, 住民税及び事業税	30	法人税, 住民税及び事業税	30
法人税等調整額	0 ➡	法人税等調整額	0
当期純利益（税引後）	70	当期純利益（税引後）	▲30

　繰延税金資産の回収可能性がない場合には，税引前利益が減少しても税金費
用は減少せず，棚卸資産の帳簿価額の切下げ（評価損）100がそのまま最終損
益へのインパクトになります。このような形になると，税負担率（＝税金費用
÷税引前利益）が上昇することになります。

4. 貸借対照表上の見え方

有税処理（棚卸資産簿価切下げ）前 B/S

| 棚卸資産 300 | 資本金・資本剰余金 200 |
| | 利益剰余金 100 |

総資産 300

税効果あり ⑴有税処理後 B/S（繰延税金資産回収可能）

棚卸資産 200	資本金・資本剰余金 200
繰延税金資産 30	利益剰余金 30
棚卸資産簿価切下げ ＋節税効果	損失計上

NEw！

総資産 230

税効果なし ⑵有税処理後 B/S（繰延税金資産回収不能）

| 棚卸資産 200 | 資本金・資本剰余金 200 |
| 棚卸資産簿価切下げ | 損失計上 |

総資産 200

⑵税金削減効果の見込みがなく，繰延税金資産の回収可能性がないと判断される場合（上図の下側），損失計上額がそのまま純資産に影響します。一方，⑴税金削減効果の見込みがあり，繰延税金資産の回収可能性があると判断される場合（上図の上側），繰延税金資産の計上による税金費用の削減分だけ，純資産の減少幅が緩和されることになります。

5. 将来の財務数値への影響

　有税処理を行い，対応する繰延税金資産を計上した場合（繰延税金資産の回収可能性がある場合），将来においてその一時差異が解消すると，繰延税金資産は取り崩され，税金費用（法人税等調整額）が計上されます（ちょうど繰延税金資産の計上時と逆の仕訳です）。

　上記1．の例でいうと，100の有税評価減を行った棚卸資産（税務簿価300）を，将来において300で販売する場合，会計上は100の利益（売上総利益）が計上されるのに対して，税務上は所得が発生せず，法人税等の納税は必要ないため，「法人税，住民税及び事業税」は0です。しかしながら，一時差異の解消に伴って繰延税金資産を取り崩すため，「法人税等調整額」が費用サイドに30計上されます。結果として，棚卸資産の販売に伴う100の税引前利益に対して，

税金費用が30計上され，両者が対応することになります。

ケース65	税務調査の結果，留保項目について追徴課税を受ける

例えば：税務調査の結果，在庫の計上漏れなどに起因して追徴課税を受ける

1．概　要

(1)　法人税，住民税及び事業税への影響

　企業が税務調査の結果，（修正申告または更正処分等により）追徴課税を受ける場合，それは当然ながら法人税等（及び付随する未払法人税等）の額に影響します。

　具体的には，過年度の所得等に対する法人税，住民税及び事業税について，更正等により追加で徴収される可能性が高く，追徴税額を合理的に見積もることができる場合には，原則として，その追徴税額を損益に計上し（いわゆる「誤謬」に該当するケースを除く），通常の「法人税，住民税及び事業税」の次に，「過年度法人税等」など，その内容を示す科目をもって表示します（ただし，金額の重要性が乏しい場合は，「法人税，住民税及び事業税」に含めて表示することも可能です）。

　また，追徴税額に付随して，ペナルティ（延滞税，加算税，延滞金及び加算金）が課されるケースも多いですが，このようなペナルティも追徴税額に含めて処理することとされています。

(2)　法人税等調整額（税効果）への影響

　上記のように，税務調査により追加の法人税等が計上されること自体は当然のことですが，一方で，税務調査の結果，当初は認識していなかった一時差異（ケース64参照）が認識されたり，その金額が変更されたりすることがあります（税務的にいうと，「留保項目」）。例えば，在庫の計上漏れなどが典型ですが，税務調査における指摘で，新たな一時差異が発生するようなケースがこれに該当します。この場合，法人税等（及び付随する未払法人税等）と同時に税効果（繰延税金資産または負債）への影響も考えなければなりません。

　このように追徴課税に伴い繰延税金資産または負債に影響が生じる場合，その変動額について，どの年度の法人税等調整額に計上すべきかという疑問が生

じますが，この点については，「法人税等の追徴税額を損益計算書に計上した
年度」の法人税等調整額に含めて処理することとされています。

2. 仕訳イメージ

　例えば，税務調査により，在庫の計上漏れ300が指摘された際，追徴税額の
発生の裏側で，棚卸資産に係る将来減算一時差異が300発生しますが，この繰
延税金資産が回収可能と判断される場合の仕訳イメージは以下のとおりです
（実効税率を30％と仮定し，ペナルティについては無視します）。

【追徴税額の発生】					
（借）過年度法人税等		90	（貸）未払法人税等		90
【新たに発生した一時差異に対する税効果】					
（借）繰延税金資産		90	（貸）法人税等調整額		90

（注）税務当局との見解の相違などによるもので，会計上の棚卸資産残高は修正しないこと
　　を前提としています。

3. 損益計算書上の見え方

【追徴課税前】		【追徴課税後（留保項目）】	
税引前利益	0	税引前利益	0
法人税，住民税及び事業税	0	法人税，住民税及び事業税	0
過年度法人税等	0	過年度法人税等	90
法人税等調整額	0	法人税等調整額	▲90
当期純利益（税引後）	0	当期純利益（税引後）	0

　税務調査で指摘を受けたとしても，それが一時差異に係る項目であり，かつ，
繰延税金資産が回収可能であれば，上記のとおり，損益計算書上の税金費用へ
の影響はネットでゼロになります（ただし，実際にはペナルティの影響があり
ます）。

4．貸借対照表上の見え方

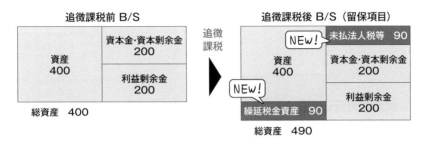

追徴課税前 B/S

| 資産 400 | 資本金・資本剰余金 200 |
| | 利益剰余金 200 |

総資産　400

追徴課税　▶

追徴課税後 B/S（留保項目）

	NEw! 未払法人税等 90
資産 400	資本金・資本剰余金 200
NEw! 繰延税金資産 90	利益剰余金 200

総資産　490

　貸借対照表で見ると，負債サイドの未払法人税等と資産サイドの繰延税金資産がバランスするので，純資産への影響はありません。このうち，未払法人税等については，税務調査直後の納税により決済されます。一方，繰延税金資産は，一時差異の解消時点（例えば，指摘対象となった棚卸資産の販売時点）で税金費用（法人税等調整額）に振り替えられます（**ケース64**参照）。

| **ケース66** | **税務調査の結果，社外流出項目について追徴課税を受ける** |

例えば：税務調査の結果，交際費認定などに起因して追徴課税を受ける

1．概　要

　企業が税務調査の結果，追徴課税を受ける場合，それが在庫の計上漏れなど，一時差異に該当する項目に起因するとは限らず，例えば，交際費等の損金不算入額など，一時差異に該当しない差異（将来的にも損金算入されない差異）が発生するケースもあります（税務的にいうと，「社外流出項目」）。

　このような場合，一時差異項目が指摘対象となるケース（**ケース65**参照）と同様に追徴税額は発生しますが，繰延税金資産または負債の金額には影響がありません。これは端的には，一時差異に該当しない項目の場合，税務調査において税額が増額されたとしても，税金は「取られっぱなし」の状態になるだけで，将来における税金の減額効果はないためです。

2．仕訳イメージ

　例えば，税務調査により，交際費等の損金不算入額が300増加する場合の仕

訳イメージは以下のとおりです（実効税率を30％と仮定し，ペナルティについては無視します）。

| （借）過年度法人税等 | 90 | （貸）未払法人税等 | 90 |

（注）税務当局との見解の相違などによるもので，企業側の誤りではないことを前提としています。

3．損益計算書上の見え方

【追徴課税前】		【追徴課税後（社外流出項目）】	
税引前利益	0	税引前利益	0
法人税，住民税及び事業税	0	法人税，住民税及び事業税	0
過年度法人税等	0 ➡	過年度法人税等	90
法人税等調整額	0	法人税等調整額	0
当期純利益（税引後）	0	当期純利益（税引後）	▲90

　上記の損益計算書のとおり，一時差異項目が指摘対象となる場合とは異なり，ネットで追加の税金費用を認識することとなります。端的には，税効果がなく，追徴税額に対して法人税等調整額による減殺がないということです。

4．貸借対照表上の見え方

追徴課税前 B/S

資産 400	資本金・資本剰余金 200
	利益剰余金 200

総資産　400

追徴課税 ▶

追徴課税後 B/S（社外流出項目）

変化なし

	NEW! 未払法人税等　90
	資本金・資本剰余金 200
	利益剰余金　110

総資産　400

　未払法人税等が計上されるのは**ケース65**と同様ですが，繰延税金資産の計上がないため，その分だけ利益剰余金が減少しています。なお，未払法人税等については，税務調査直後の納税により決済されます。

ケース67	税制改正により税率が変更される

**　例えば：税制改正により，翌期以降に適用される税率が引き下げられる，または引き上げられる**

1．概　要

　日本の法人税率は徐々に引き下げられています。直感的に，税率の引下げは企業にとってプラスの影響を与えるように思えますが，短期的には企業の業績に悪影響を与えるケースが多いと考えられます。これは，一般的な日本企業においては，繰延税金負債よりも繰延税金資産のほうが大きく，実効税率の引下げが繰延税金資産（＝将来減算一時差異等×実効税率）の取崩しにつながるためです。

　図表67のとおり，翌期以降における実効税率が30％から20％まで低下した場合，当初の繰延税金資産300のうち100（10％部分）が税金費用（法人税等調整額）に振り替わり，同額だけ残高が減少しています。言い換えると，もともとは将来300の税金をセーブできる効果が期待されていたのに，税率引下げで200の節税効果しかなくなってしまったということです。

　直近では想定されませんが，仮に実効税率が引き上げられることになった場合，逆に繰延税金資産の金額が大きくなり，その分だけ税金費用がマイナスされます（図表67参照）。

【図表67】税率変更の影響

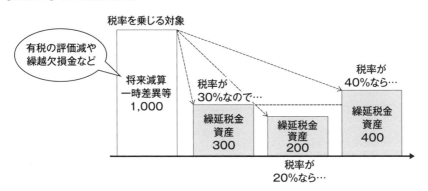

2. 仕訳イメージ

(1)翌期以降に適用される税率の引下げにより，当期末における繰延税金資産が100減少する場合，及び(2)税率の引上げにより，当期末における繰延税金資産が100増加する場合，それぞれの仕訳イメージは以下のとおりです。

【(1) 税率引下げの場合】					
（借）法人税等調整額	100	（貸）繰延税金資産	100		
【(2) 税率引上げの場合】					
（借）繰延税金資産	100	（貸）法人税等調整額	100		

3. 損益計算書上の見え方

(1) 税率引下げの場合

【税率変更前】		【税率引下げ後】	
税引前利益	0	税引前利益	0
法人税,住民税及び事業税	0	法人税,住民税及び事業税	0
法人税等調整額	0 ➡	法人税等調整額	100
当期純利益（税引後）	0	当期純利益（税引後）	▲100

上記の損益計算書では，繰延税金資産が計上されていることを前提としているので，税率引下げにより繰延税金資産が取り崩され，税金費用が追加計上されています。

なお，繰延税金資産（または負債）に影響を与えるのは，その回収（または支払）が行われると見込まれる期の税率，言い換えると将来の一時差異の解消時点の税率（正確には，「決算日において国会で成立している法人税法等に規定されている税率」）の変更であるため，当期の税金計算に適用される税率に変更がなければ，税金費用のうち「法人税，住民税及び事業税」の部分は影響を受けません。

(2) 税率引上げの場合

【税率変更前】		【税率引上げ後】	
税引前利益	0	税引前利益	0

法人税, 住民税及び事業税	0		法人税, 住民税及び事業税	0
法人税等調整額	0	➡	法人税等調整額	▲100
当期純利益（税引後）	0		当期純利益（税引後）	100

4．貸借対照表上の見え方

税率変更前 B/S

繰延税金資産 300	資本金・資本剰余金 200
	利益剰余金 100

総資産 300

税率引下げ ▶

(1)税率引下げ後 B/S

繰延税金資産 200	資本金・資本剰余金 200
繰延税金資産減少	税金費用計上

総資産 200

税率引上げ ▶

(2)税率引上げ後 B/S

繰延税金資産 400	資本金・資本剰余金 200
	利益剰余金 200

総資産 400

　日本企業はネットで見て繰延税金資産ポジション（つまり，税務加算が税務減算より大きいポジション）のケースが多いため，(1)税率が引き下げられた場合，上図の上側のように繰延税金資産が減額され，短期的な影響としては，税金費用（のうち，法人税等調整額）が増額されます。

コラム　海外における税率引下げの影響

　日本の税制改正による税率引下げはそう頻繁にあるわけではありませんが，海外に多くの子会社を有する企業の場合，各国の税制改正により税率が変動すると，連結財務諸表に影響が表れます。具体的には，税率が変動した国に所在する子会社の繰延税金資産及び負債の残高が変動し，それが連結貸借対照表上や連結損益計算書に表れてくるということです。

　最近の例としては，米国やフランスにおける税率の引下げがあります。特に米国は日本企業が子会社を持っていることが多く，また実効税率が10％以上下がったため（2018年より），米国子会社の税金費用が影響を受け，それが連結財務諸表に反映されたケースも多かったものと思われます。

5．将来の財務数値への影響

　上記のとおり，法人税率の引下げによる繰延税金資産の取崩しは，業績に悪影響を及ぼしますが，これはあくまでも短期的な影響です。長期的には，税率引下げは企業の将来の税引後利益や税引後キャッシュ・フローを増加させ，企業経営にプラスの影響を与えることになります。

　税率の引上げの場合は，これとは逆に，短期的には繰延税金資産の増額による税金費用の減少（税引後利益の増加）をもたらしますが，長期的には税引後利益等の水準を引き下げることになります。

ケース68	業績の変動により繰延税金資産の回収可能性が変化する

**　例えば：業績見込みの悪化により繰延税金資産の回収可能額が減少する，または業績見込みの改善により繰延税金資産の回収可能額が増加する**

1．概　要

　繰延税金資産が回収可能であると判断されるのは，将来減算一時差異等に税金の減額効果がある場合であり，具体的には，①将来減算一時差異等が，実際に将来において解消し，かつ②それが解消した年度において，その減算に見合う課税所得が発生していることが条件になります（**ケース64**参照）。

　ケース64の棚卸資産の有税評価減を例に取ると，①については，評価減した棚卸資産が将来において販売（または廃棄）される見込みが必要になります。また，②については，単純にいうと，将来的にも儲かって所得が出そうなら大丈夫です。

　このように，繰延税金資産の回収可能性は将来見込みに依存するので，その回収可能性は毎期見直す必要があります。見直しの結果，将来減算一時差異等に係る繰延税金資産の全部または一部について，将来の税金負担額を軽減する効果がないと判断された場合，計上していた繰延税金資産のうち回収可能性がない金額を取り崩します。例えば，足許の業績が悪化し，将来の課税所得が見込めなくなった場合などがこれに該当します（上記②の問題）。

　逆に，新たに将来の税金負担額を軽減する効果が生じた場合には，回収が見込まれる金額を繰延税金資産として追加計上します。

　繰延税金資産の回収可能性を見直した場合に生じた差額は，基本的に見直しを行った年度における法人税等調整額に計上するので，損益計算書にインパクトを与えます。

　この点をもう少し考えてみると，まず足許の業績が変動する場合，それが将来の業績見込みに影響し，ひいては繰延税金資産の回収可能性に影響する可能性があります。そして，それにより繰延税金資産が増減すると，それは税金費用の増減を通じて，足許の業績（最終損益ベース）に跳ね返ります。つまり，将来の業績見込みが繰延税金資産の回収可能性に影響するという構造は，足許の業績変動を増幅させる方向に作用するということです。

２．仕訳イメージ

　繰延税金資産について，(1)一部が回収不能となり100減少する場合，(2)一部が回収可能となり100増加する場合，それぞれの仕訳イメージは以下のとおりです。

【(1)　回収可能→回収不能の場合】				
（借）法人税等調整額	100	（貸）繰延税金資産	100	
【(2)　回収不能→回収可能の場合】				
（借）繰延税金資産	100	（貸）法人税等調整額	100	

３．損益計算書上の見え方

⑴　回収可能→回収不能の場合

【繰延税金資産回収可能性見直し前】		【見直し後（回収可能→回収不能）】	
税引前利益	0	税引前利益	0
法人税，住民税及び事業税	0	法人税，住民税及び事業税	0
法人税等調整額	0 ➡	法人税等調整額	100
当期純利益（税引後）	0	当期純利益（税引後）	▲100

　大雑把にいうと，回収可能と見込んでいた繰延税金資産が回収不能になることは，イメージとしては，還付予定だった税金が還付されなくなることに似ています。

(2) 回収不能→回収可能の場合

【繰延税金資産回収可能性見直し前】			【見直し後（回収不能→回収可能）】	
税引前利益	0		税引前利益	0
法人税, 住民税及び事業税	0		法人税, 住民税及び事業税	0
法人税等調整額	0	➡	法人税等調整額	▲100
当期純利益（税引後）	0		当期純利益（税引後）	100

　上記(1)及び(2)の損益計算書のように，繰延税金資産が新たに回収不能または回収可能になれば，繰延税金資産の取崩しまたは追加計上により税金費用が増額または減額されます。この場合，変化しているのは将来見込みだけです。それだけで，現在（当期）の最終損益が影響を受けるという点はよく認識しておく必要があります。

4．貸借対照表上の見え方

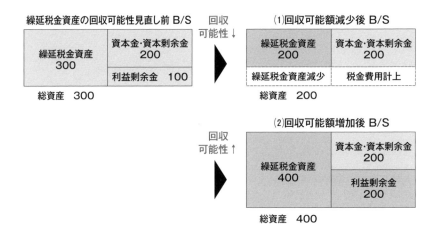

5．将来の財務数値への影響

　繰延税金資産の回収可能性は毎期見直す必要があり，かつその見直しには損益影響が伴うため，多額の繰延税金資産を計上している企業の場合，将来の業績見込み（繰延税金資産の回収可能性）が変化すれば，その時点の財務数値（特に最終損益）が大きな影響を受ける可能性があります。つまり，そのような企業では，将来的にも税引後ベースで見た業績が不安定になりやすいということです。

ケース69	海外で源泉徴収される

例えば：海外企業からのロイヤルティについて現地で源泉税を課される

1．概　要

⑴　外国税額控除とは

　日本企業が海外企業から受け取るロイヤルティなど，海外からの入金は源泉徴収される（源泉税が課される）ケースがあります。

　このような受取ロイヤルティに対しては，日本でも法人税等が課税されるため，海外における課税（源泉徴収）と日本における課税により，二重課税が発生します。この二重課税を緩和（排除）するための税務上の制度として外国税額控除があります。すなわち，「外国税額控除」とは，海外で納付した（または源泉徴収された）外国法人税を一定の条件のもと日本の法人税等から差し引く制度をいいます。

　例えば，海外からロイヤルティ100を受け取り，現地で10を源泉徴収される場合，この外国法人税10を日本の法人税等30（＝受取ロイヤルティ100×実効税率30％）から差し引くのが外国税額控除です。単純にいうと，海外で納付した税金について，まるで日本の税金の前払いであるかのように取り扱い，（所得に税率を乗じて計算された）日本の税金から差し引くことになります（外国税額控除のイメージについて，図表69参照）。

【図表69】外国税額控除のイメージ

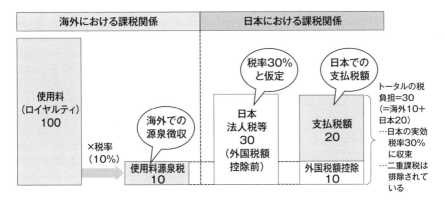

　ただし，この外国税額控除は無制限に認められるわけではなく，一定の控除限度額があります。そして，海外で源泉徴収された外国法人税がこの控除限度額を上回るときのその超過額，また逆に外国法人税が控除限度額を下回るときのその余裕額は，ともに将来３年にわたり繰越しが可能です。したがって，例えば一時的に外国税額控除の控除限度額が縮小し，限度超過額が発生した場合でも，その限度超過額は翌期以降に繰り越すことができ，仮に翌期に十分な控除限度額が発生した場合には，その期において法人税額から控除できることになります。

(2)　外国源泉税の会計処理

　海外の源泉税（外国法人税）の会計処理については，法人税法上の外国税額控除の適用を受ける金額は，損益計算書上「法人税，住民税及び事業税」に含めて表示することとされています。ただし，実務上は，源泉徴収されたタイミングでは「仮払法人税等」などに含めておき，期末の決算整理仕訳の一環として，「法人税，住民税及び事業税」への振替を行うことが多いと思われます（下記２．参照）。

　一方，外国税額控除の枠（控除限度額）が足りず，税務上の繰越外国税額控除が発生した場合（「控除対象となる外国法人税額」が「控除限度額」を超える場合）には，翌期以降の繰越可能な期間（３年間）に発生する「控除余裕額」を限度として税額を控除することが認められるため，税務上の繰越欠損金などと同様，税効果の対象となります。したがって，回収可能性があれば繰延税金資産が計上されます。

２．仕訳イメージ

　海外からロイヤルティ100を受け取り，現地で10を源泉徴収され，(1)外国税額控除が機能する場合，(2)外国税額控除は機能しないものの，税効果を認識できる場合の仕訳イメージは，それぞれ以下のとおりです。

【ロイヤルティの入金時の外国法人税の処理】

（借）現金及び預金	90	（貸）受取ロイヤルティ	100
仮払法人税等	10		

【決算時の外国法人税の処理】

（借）法人税，住民税及び事業税	10	（貸）仮払法人税等	10

【(1)　決算時の日本の法人税等の処理－外国税額控除が機能する場合】

（借）法人税，住民税及び事業税	20	（貸）未払法人税等	20

【(2)　決算時の日本の法人税等の処理－繰越外国税額控除の税効果が認識できる場合（注）】

（借）法人税，住民税及び事業税	30	（貸）未払法人税等	30
（借）繰延税金資産	10	（貸）法人税等調整額	10

（注）外国税額控除の限度額が発生せず，外国法人税10の全額が控除限度超過額（繰越外国税額控除）となり，かつ繰延税金資産の回収可能性がある場合を意味します。なお，外国税額控除は，所得ではなく税額から減額されるものであるため，他の一時差異等とは異なり，決定実効税率を乗じる必要はありません。

3．損益計算書上の見え方

(1)　外国税額控除が機能する場合

受取ロイヤルティ

【ロイヤルティ入金＋源泉徴収前】			【入金・源泉徴収後（外国税額控除あり）】	
税引前利益	0	➡	税引前利益	100
法人税，住民税及び事業税	0	➡	法人税，住民税及び事業税	30
法人税等調整額	0		法人税等調整額	0
当期純利益（税引後）	0		当期純利益（税引後）	70

　外国税額控除が機能すれば，損益計算書上の税負担率は日本の実効税率に一致し，ちょうど30％になります。なお，法人税，住民税及び事業税30の内訳は，海外での源泉徴収が10，日本での（外国税額控除後の）法人税等の納付が20です。

194

(2)　外国税額控除が機能しない場合－繰越外国税額控除の税効果が認識できる場合

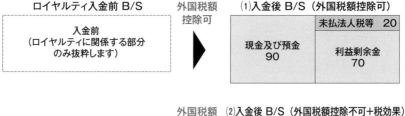

【ロイヤルティ入金＋源泉徴収前】		【入金・源泉徴収後（外国税額控除なし＋税効果）】	
税引前利益	0 ➡	税引前利益	100
法人税, 住民税及び事業税	0 ➡	法人税, 住民税及び事業税	40
法人税等調整額	0	法人税等調整額	▲10
当期純利益（税引後）	0	当期純利益（税引後）	70

受取ロイヤルティ

　外国税額控除が機能しなくても，繰越外国税額控除の税効果が認識できる場合には，税負担率は(1)外国税額控除が機能する場合と同じく30％になります。ただし，税金費用の内訳は異なっており，法人税，住民税及び事業税40に対して，法人税等調整額10がマイナスされる形になっています。

　なお，上記の例とは異なりますが，税効果が認識できない場合には，上記の損益計算書の法人税等調整額の部分がゼロになり，税負担率は40％になります。

4．貸借対照表上の見え方

　いずれの場合でも，日本における納税前のキャッシュ（ロイヤルティの入金額）は90です。

　(1)外国税額控除が機能する場合は未払法人税等は20ですが（日本の法人税等のみ。海外での源泉徴収分10は支払済み），(2)機能しない場合はそれが30にな

ります。ただし，外国税額控除が機能しなくても，繰越外国税額控除の税効果が認識できる場合には，見合いの繰延税金資産10が計上されるので，未払法人税等30との（実質的な）ネット金額は20になります。

⑨ 突発的な事態

ケース70	災害が発生する

例えば：災害の発生により，資産の滅失に伴う損失のほか，撤去費用や原状回復費用などが発生する

1．概　要

　企業は，地震や火災などの災害の発生により，損失を計上するケースがあります。

　災害が発生した場合の直接の影響としては，まず棚卸資産や固定資産の滅失が考えられます。また，完全には滅失していない場合でも，再使用できないことが明らかで，廃却処理が完了していない場合は，帳簿価額の切下げ（固定資産の減損処理を含む）が必要になる場合もあります。その他，災害発生時には，資産の撤去費用や原状回復費用など，キャッシュ・アウトを伴う費用が計上されるほか，それらの費用を見積もって引当金（災害損失引当金）が計上される場合もあります。これらの費用・損失は，多くの場合，特別損失として計上されます。

　一方，損害保険を付保している棚卸資産や固定資産が被害を受けた場合には，保険金を受け取ることとなりますが，保険金の受け取りまでに時間を要することもあります。この場合，決算日までに受取保険金が確定しており，確実に入金があると見込まれる場合には，保険金の未収計上が可能と考えられます。

2．仕訳イメージ

　災害の発生により，棚卸資産100が滅失し，同時に災害損失引当金100を繰り入れる場合の仕訳イメージは以下のとおりです（損益計算書上は「災害による損失」としてまとめて計上すると仮定します）。

（借）災害による損失	200	（貸）棚　卸　資　産	100
		災害損失引当金	100

（注）表示上，災害損失引当金繰入額を分けるケースもあります。

3．損益計算書上の見え方

【災害発生前】		【災害発生後】	
経常利益	0	経常利益	0
特別利益	0	特別利益	0
特別損失	0 →	特別損失	200
		災害による損失	200
税引前利益	0	税引前利益	▲200

　損益計算書の見え方はシンプルですが，実際には災害に伴う損失の情報を取集し，資産の帳簿価額の切下げや引当金の計上の要否まで判定したうえで，それらを集計するのは大変な作業になります。

4．貸借対照表上の見え方

　上図では，資産に係る損失の計上額100と負債（災害損失引当金）の計上額100の合計200だけ，純資産が減少しています。

5．将来の財務数値への影響

　災害時に計上した災害損失引当金を取り崩す場合，基本的にキャッシュ・アウトが伴います。また，棚卸資産や固定資産等の資産に係る損失であっても，代替資産を取得するのであれば，将来的にはキャッシュが必要になります。

　上記に加えて，災害から復旧するまでは，例えば，工場の操業度が下がることなども考えられますが，そのような影響は売上高の段階から将来の営業損益に影響します。

　一方，災害発生後，保険金を受け取る場合には，それは営業外収益や特別利益に反映され，計上のタイミングにもよりますが，災害による損益影響を一部

緩和することになります。

コラム　面倒な保険金収入の期ズレ

　災害時には損失が計上されますが，保険金の受取りがある場合には，その損失は一部減殺されます。しかしながら，実際には災害損失が発生する期と保険金収入が発生する期は同じでないことも多く，「前期に発生した工場火災について，災害損失…百万円については前期に認識済みであるが，当期における火災保険適用により…百万円の保険金収入が特別利益に計上されている」などの説明が必要になる場合があります。

　また，逆に災害損失が発生して，今後保険金収入が見込まれるタイミングでは，未収計上できない状況であっても，決算説明などに備えて，保険金収入を概算で見積もっておくことも重要になります。

ケース71　独占禁止法の課徴金等が発生する

例えば：独占禁止法への違反に関して，課徴金支払いの可能性が高くなる

1．概　要

　日本の独占禁止法や海外の競争法の違反を事由として，企業に巨額の課徴金制裁が行われるケースがあります。このようなケースで企業が負担する課徴金等については，損失の確定を待たず，その前段階で引当金が計上される場合があります。

　具体的には，原因となった違法行為や違反行為等があり，課徴金等の支払いの可能性が高く，その金額を合理的に見積もることができる場合（課徴金等の算定式などがある場合）には，引当金を計上することになります。

2．仕訳イメージ

　独占禁止法に基づく課徴金等の支払いの可能性が高くなり，損失引当金100を計上する場合の仕訳イメージは以下のとおりです。

（借）独占禁止法関連 損失引当金繰入額	100	（貸）独占禁止法関連 損失引当金	100

3．損益計算書上の見え方

【課徴金等引当前】		【課徴金等引当後】	
経常利益	0	経常利益	0
特別利益	0	特別利益	0
特別損失	0	特別損失	100
		独占禁止法関連損失 引当金繰入額	100
税引前利益	0	税引前利益	▲100

　引当金の繰入れに伴い上記のような損益の影響がありますが，最終的に損失額が確定した際にも再度損益影響が生じる場合があります（下記5．参照）。

4．貸借対照表上の見え方

5．将来の財務数値への影響

　引当金の設定後，一般には当局の決定や課徴金等の納付命令などにより損失（課徴金等の支払い）が確定します。この段階では，引当金を取り崩す一方，その確定額を未払金として計上することになるので，引当金が実際額に置き換わります。それに伴い，課徴金等の確定額が見積額を上回る場合には，損失が追加計上され，逆に下回る場合には引当金の戻入益が計上されることになります。その後，未払金を取り崩す形で実際の支払いを行うこととなりますが，この段階では損益影響はありません。

ケース72	訴訟が発生する

例えば：訴訟に関して，敗訴または和解成立による損害賠償金支払いの可能性が高くなる

1．概　要

　訴訟が発生し，企業が損害賠償を求められている場合，損失の確定（敗訴や和解成立による損害賠償金の支払い）を待たず，引当金（訴訟損失引当金）が計上されるケースがあります。

　具体的には，訴訟の経過から，敗訴による損害賠償金の支払いの可能性が高まっており，その金額を合理的に見積もることができる場合には，引当金（訴訟損失引当金）を計上することになります。

2．仕訳イメージ

　発生した訴訟について，敗訴による損害賠償金の支払いの可能性が高まり，訴訟損失引当金100を計上する場合の仕訳イメージは以下のとおりです。

（借）訴訟損失引当金 　　　繰　入　額	100	（貸）訴訟損失引当金	100

（注）損益計算書上は「訴訟関連損失」などの科目が使われるケースもあります。

3．損益計算書上の見え方

【訴訟発生前】		【訴訟発生後】	
経常利益	0	経常利益	0
特別利益	0	特別利益	0
特別損失	0	特別損失	100
		訴訟関連損失	100
税引前利益	0	税引前利益	▲100

　引当金の繰入れに伴い上記のような損益の影響がありますが，最終的に損失額が確定した際にも再度損益影響が生じる場合があります（下記5．参照）。

4．貸借対照表上の見え方

訴訟発生（訴訟損失引当金設定）前 B/S

| 現金及び預金 300 | 資本金・資本剰余金 200 |
| | 利益剰余金　100 |

総資産　300

訴訟発生

訴訟発生後（賠償金支払前）B/S

| 変化なし | NEW!　訴訟損失引当金100 |
| | 資本金・資本剰余金 200 |

総資産　300

5．将来の財務数値への影響

　引当金の設定後，敗訴が確定した場合や和解が成立した場合には，損失（損害賠償金の支払い）が確定することになるため，引当金を取り崩す一方，その確定額を未払金として計上します。この段階で，訴訟損失引当金が実際額に置き換わるため，損失が追加計上されたり，逆に引当金の戻入益が計上されたりします（**ケース71**と同様）。その後，未払金を取り崩す形で支払いを行うこととなりますが，この段階では損益影響はありません。

Ⅳ ケース：財務数値の動き方（連結財務諸表）

　ここからは，子会社が関係するケースについて，親会社の個別財務諸表の視点に連結財務諸表の視点を加えて，財務数値への影響を見ていきます。

1 子会社への投融資

ケース73	子会社を設立する

例えば：自社単独で，または合弁形態により，子会社を設立する

1．概　要

⑴　個別財務諸表

　企業が自らの出資により子会社を設立する場合，その企業（親会社）は個別財務諸表上，「子会社株式」を保有することになります。これは合弁形態の子会社，つまり子会社に非支配株主（親会社以外の株主で，「少数株主」とも呼ばれる）がいる場合であっても同様です。

　子会社株式は，取得原価をもって貸借対照表価額とされるため，100％子会社の場合，設立時点ではその金額（付随費用部分を除く）は子会社の資本と一致します。

⑵　連結財務諸表

　連結財務諸表は，親会社と子会社の財務諸表を合算して作成しますが，合算されたときに二重になるものは相殺消去されます。その最たるものとして，子会社に対する投資があり，親会社の個別財務諸表上の「子会社株式」と，子会社の個別財務諸表上の「資本」は相殺消去の対象となります。

　これを「資本連結」と呼びますが，より詳細には，親会社の子会社に対する投資（子会社株式）とこれに対応する子会社の資本を相殺消去し，消去差額が生じた場合にはその差額を「のれん」（または「負ののれん」）として計上する

とともに（**ケース74**参照），子会社の資本のうち親会社に帰属しない部分を「非支配株主持分」（従来の少数株主持分）に振り替える一連の処理を意味します。

　単純な例でいくと，出資時点の子会社の資本が300で，親会社の持分比率が2/3（残り1/3は非支配株主が保有）とすると，親会社の持分は300×2/3＝200で，この部分は親会社が保有する「子会社株式」と相殺されて連結財務諸表上は消えてしまいます。これに対して，非支配株主の持分は，300×1/3＝100で，この部分はそのまま連結財務諸表上も残ります（非支配株主持分に振り替えられます）。

　資本連結の結果，連結財務諸表上は，連結子会社に係る「子会社株式」は存在せず，対応する子会社の資本も消えてしまうことになります。グループを一体と見る連結財務諸表では，グループ内の出資やその受入れというグループ内の資金移動は，なかったことにされるという言い方もできます。

2．仕訳イメージ

(1)　100%子会社の場合

　親会社が200を出資して，100%子会社を設立する場合の仕訳イメージは以下のとおりです。

【親会社個別財務諸表】
（借）子 会 社 株 式　　200　　（貸）現 金 及 び 預 金　　200
【子会社財務諸表】
（借）現 金 及 び 預 金　　200　　（貸）純　　資　　産　　200
【連結修正】
（借）子 会 社 純 資 産　　200　　（貸）子 会 社 株 式　　200
【連結財務諸表】
（仕訳なし＝子会社設立前の親会社個別財務諸表から変化しない）

（注）表示上は「子会社」や「子会社株式」ではなく，「関係会社」や「関係会社株式」とされますが，仕訳の上では，便宜上「子会社」や「子会社株式」とします（以下のケースの仕訳について同様）。

(2)　100%子会社ではない場合

　(1)の親会社による出資に加えて，非支配株主（少数株主）が100を出資し，出資総額300で子会社を設立する場合の仕訳イメージは以下のとおりです。

【親会社個別財務諸表】				
（借）子 会 社 株 式	200	（貸）現 金 及 び 預 金	200
【子会社財務諸表】				
（借）現 金 及 び 預 金	300	（貸）純　　資　　産	300
【連結修正】				
（借）子 会 社 純 資 産	300	（貸）子 会 社 株 式	200
		非支配株主持分	100
【連結財務諸表】				
（借）現 金 及 び 預 金	100	（貸）非支配株主持分	100

　【連結修正】の仕訳を見ると，子会社の資本300のうち，親会社の持分200は（親会社が保有する）子会社株式と相殺されて消えており，非支配株主の持分100は非支配株主持分に振り替えられていることが確認できます。

3．連結損益計算書上の見え方

　影響なし。

4．連結貸借対照表上の見え方

(1)　100%子会社の場合

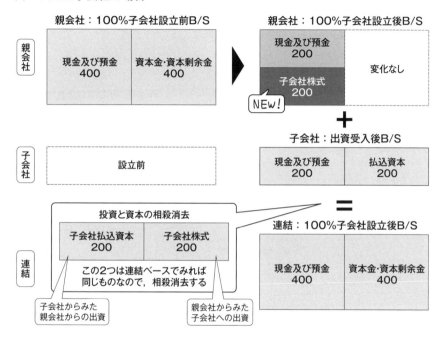

　100%子会社を設立しただけでは，（連結）貸借対照表に変化はありません。より正確には，上図のとおり，「子会社設立前の親会社の個別貸借対照表」と「子会社設立後の連結貸借対照表」は同じ形になります。単純にいうと，連結財務諸表上は，子会社を設立して，キャッシュの置き場を親会社から子会社に変えたに過ぎないということです。

(2) 100%子会社ではない場合

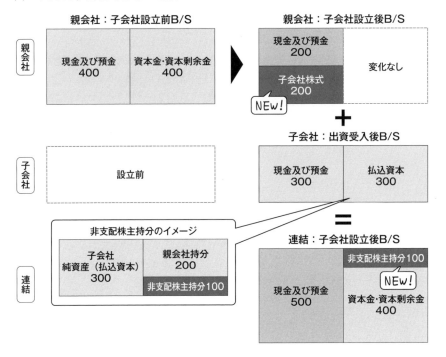

　子会社が100％子会社ではない（子会社に非支配株主がいる）場合，連結財務諸表上は，子会社の設立により，非支配株主からキャッシュを受け入れるという形になります。上図で「子会社設立前の親会社の個別貸借対照表」と「子会社設立後の連結貸借対照表」を見比べると，キャッシュが100増加する一方，非支配株主持分も100増加する形になっていることが確認できます。

5．将来の財務数値への影響

　子会社の設立後，その子会社が利益を計上すれば，それは連結損益計算書に反映されます。そして，設立後の子会社の利益計上に伴う利益剰余金の増加についても連結貸借対照表上の利益剰余金として残ります（**ケース82**参照）。ただし，子会社に非支配株主（少数株主）がいる場合には，子会社の利益の一部は非支配株主に帰属し，非支配株主持分の増額として処理されます。その意味で，連結財務諸表上も残る子会社の利益剰余金は，「グループに入ってからの増減のうち親会社帰属分」と言ってもいいかもしれません。

　なお，以下のケースでは，単純化のために100％子会社を前提とします。

> **コラム　設立よりも大変な海外子会社の損益管理**
>
> 　国内に子会社を設立する場合，実質的には親会社の一部門という位置付けになることが多いと思われますが，海外の新たな国に子会社を新規設立する場合，その国への進出という点にスポットライトが当てられ，今後の事業展開の見込みなどを説明する必要が出てきます。
>
> 　また，それが企業にとって重要な海外展開であれば，進出後も損益状況は投資家からモニターされます。したがって，当初は赤字であっても，「成長のための先行投資の段階」にあり，「立上げ段階の赤字幅としては想定の範囲内」などの説明を行い，今後の「黒字化見込み」などを示す必要があります。また，その後も「単月の黒字化」や「通年の黒字化」などの情報を継続的に提供していく必要があるため，実際には海外子会社の設立よりもその後の損益管理のほうがよほど大変な作業になります。

ケース74 　買収により子会社化する

例えば：既存の企業を買収して子会社化する

1．概　要

(1)　個別財務諸表

　企業は，新たな事業分野に進出したり，特定の事業分野を強化したりする目的で，既存の企業を買収して子会社化するケースがあります。

　このような場合も，親会社は個別財務諸表上，「子会社株式」を取得することになりますが，子会社を設立する場合（**ケース73**参照）との違いは，100％子会社の場合でも，親会社における投資が基本的に子会社の資本とは一致しないという点です。

(2)　連結財務諸表

　ケース73のとおり，連結財務諸表作成の際の資本連結にあたっては，親会社の子会社に対する投資（子会社株式）とこれに対応する子会社の資本を相殺消去します。

　このプロセスにおいて，日本の会計基準では，まず子会社の資産及び負債は，

そのすべてを支配獲得日の時価により評価し（全面時価評価法），評価差額は
子会社の資本として処理します。そして，投資時の資本連結上，「親会社にお
ける子会社への投資額」と「子会社資本の親会社持分額」との間に差額が生じ
ている場合は，その差額は「のれん」（または「負ののれん」）として会計処理
します。

「のれん」は，資産として計上され（無形固定資産の区分に表示），原則とし
て20年以内のその効果の及ぶ期間にわたって，定額法などにより規則的に償却
されます。一方，「負ののれん」については，発生した年度の利益として処理
されます。

会計上の「のれん」の意味合いを考えてみると，端的には，買収対象会社の
時価純資産を超える買収対価ということになります。図表74の例でいうと，買
収側が支払う対価（300）には，買収対象会社の時価純資産により裏付けられ
ている部分（200）とそうでない部分（100）があります。この裏付けのない
100が「のれん」になるわけですが，これが何に対して支払われているかを考
えると，買収対象会社の将来利益，言い換えると超過収益力見合いということ
になります。

【図表74】「のれん」のイメージ

一方，買収対象会社をその時価純資産よりも安く買収した場合，「のれん」
の金額はマイナスになります。これを「負ののれん」と呼びますが，（正の）
「のれん」とは異なり，「負ののれん」は償却していくのではなく，取得時点で
特別利益に計上します。要は，高く売れたから利益が計上されるのではなく，
安く買えたことで利益が計上されるというわけです。ただし，時価純資産より
安く買収できるということは，買収対象会社の将来見通しはバラ色とはいかな
いかもしれず，その点には注意が必要です。

２．仕訳イメージ

(1)　「のれん」が計上される場合

　買収対象会社（純資産200＝資産400－負債200）の全株式を300で取得する場合，すなわち，「子会社への投資」が300で，「子会社の資本（時価評価後）」が200である場合の仕訳イメージは以下のとおりです。

```
【親会社個別財務諸表】
　（借）子 会 社 株 式　　300　　　（貸）現 金 及 び 預 金　　300
【子会社財務諸表】
　（仕訳なし）
【連結修正】
　（借）子 会 社 純 資 産　　200　　　（貸）子 会 社 株 式　　300
　　　 の　　れ　　ん　　100
【連結財務諸表】
　（借）子 　 会 　 社　　200（注）　（貸）現 金 及 び 預 金　　300
　　　 諸 資 産・負 債
　　　 の　　れ　　ん　　100
```

（注）連結財務諸表上は，子会社の資産及び負債が反映されるため，あえて「純資産」とせず，「諸資産・負債」として表現しています（以下同様）。

(2)　「負ののれん」が計上される場合

　買収対象会社（純資産400＝資産400－負債０）の会社の全株式を300で取得する場合，すなわち，「子会社への投資」が300で，「子会社の資本（時価評価後）」が400である場合の仕訳イメージは以下のとおりです。

【親会社個別財務諸表】					
（借）子 会 社 株 式	300	（貸）現 金 及 び 預 金			300
【子会社財務諸表】					
（仕訳なし）					
【連結修正】					
（借）子 会 社 純 資 産	400	（貸）子 会 社 株 式			300
		負ののれん発生益			100
【連結財務諸表】					
（借）子 会 社 諸 資 産・負 債	400	（貸）現 金 及 び 預 金			300
		負ののれん発生益			100

3．連結損益計算書上の見え方

(1)「のれん」が計上される場合

（正の）「のれん」が計上される場合，計上時点では損益計算書には影響がありません。

(2)「負ののれん」が計上される場合

負ののれん発生前		負ののれん発生後			
【個別・連結財務諸表】		【親会社個別財務諸表】		【連結財務諸表】	
経常利益	0	経常利益	0	経常利益	0
特別利益	0	特別利益	0	特別利益	100
				負ののれん発生益	100
特別損失	0	特別損失	0	特別損失	0
税引前利益	0	税引前利益	0	税引前利益	100

「負ののれん」が計上される場合，上記の連結損益計算書のとおり，取得時点で利益が計上されます。直感的には「資産の売却から利益は計上されても，資産の取得からは利益は計上されない」というのが一般的な理解ですが，企業買収の場合は，その直感に反する処理が行われるということです。

コラム　業績不振企業の買収と利益の先食い

　「負ののれん」については，買収時点で利益（特別利益）に反映されるので，「負ののれん」が計上されるような買収（例えば，業績不振企業の買収）を行えば，その時点では利益が計上されます。実際にそのような買収を繰り返し，その都度，「負ののれん発生益」を認識している企業もありました。

　しかしながら，（正の）「のれん」のケースを考えれば明らかですが，「負ののれん発生益」は本来，買収対象会社の将来損失と相殺されるべき性質のものです。「負ののれん」の発生要因は様々であり，一概には言えませんが，もしそれが利益の先食いであれば，買収対象会社を黒字化できないと，将来の連結業績はどんどん悪化していくことになります。また，買収は外部借入などを利用して行われることも多いので，金利負担などもそれに上乗せされることになります。

4．連結貸借対照表上の見え方

(1)　「のれん」が計上される場合

　買収による影響を見ると，親会社の個別貸借対照表上は，単純な子会社株式の取得です。一方，連結貸借対照表上は，その子会社株式が「子会社資産－子会社負債」に置き換わり，差額が「のれん」になるという構図になっています。言い方を変えると，連結財務諸表上は，子会社資産400及び負債200（つまり，純資産200）プラス「のれん」100を，キャッシュ300で購入した形になっています。

(2)　「負ののれん」が計上される場合

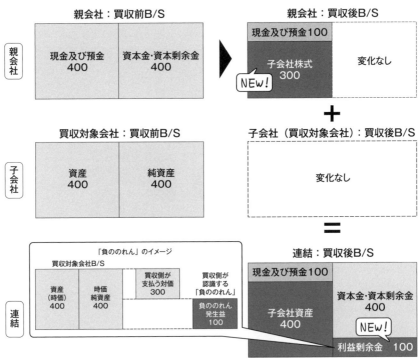

　連結財務諸表上は，子会社資産（＝純資産）400を，キャッシュ300で購入したことで，100の利益（「負ののれん発生益」）が発生する形になっています。

5．将来の財務数値への影響

　資産として計上された「のれん」は，原則として20年以内のその効果の及ぶ期間にわたって，定額法などにより規則的に償却されます（**ケース83参照**）。

つまり，将来の連結損益計算書上で償却負担が発生するということです。

　一方で，連結損益計算書上は新たに子会社になった買収対象会社の利益も取り込まれるので，ちょうどそれと「のれん償却額」がマッチする形になります。すなわち，買収後の損益影響を考えると，新子会社が「のれん」の償却額を超える利益を計上して初めて，連結損益計算書上の利益に寄与するということです。

　逆に，「負ののれん」の場合，発生時点で利益が計上されますが，買収後，新たに子会社になった買収対象会社が損失を計上すると，それがそのまま連結損益計算書に影響します。つまり，（正の）「のれん」の場合とは異なり，「負ののれん発生益」と子会社の将来損失はマッチングされないということです。

　もちろん，正負の場合とも，「のれん」が必ず将来の利益や損失に対応する保証はなく，単純に割高な買収をすれば，買収後は「のれん償却額」の負担のみが発生する形になりますし，逆に割安な買収ができれば，買収時の「負ののれん発生益」は純粋な利益と解釈できます。

　なお，「のれん」とは直接関係しませんが，買収後には一般的に統合やリストラクチャリング関連の費用が発生することが多いので，そのような将来の費用負担についても考慮しておく必要があります。

ケース75　段階取得により子会社化する

例えば：既存の出資先の株式を買い増して子会社化する

1．概　要

(1)　個別財務諸表

　企業買収は一時に行われるとは限らず，徐々に株式を買い増して関係を強化していくケースもあります。このように企業買収が段階的に行われる場合，すなわち，取得が複数の取引により達成される場合，個別財務諸表上は，支配を獲得するに至った個々の取引ごとの原価の合計額をもって，投資の取得原価とします。単純にいうと，その都度，子会社株式の取得の会計処理をしていくだけです。

(2) 連結財務諸表

　連結財務諸表作成上の資本連結（**ケース74**参照）にあたって，親会社の子会社に対する投資の金額は，支配獲得日の時価によることとされています。

　これは，株式を一括して取得することにより支配を獲得した場合（「一括取得」）に限らず，取得が複数の取引により達成された場合（「段階取得」）でも同様です。すなわち，個別財務諸表上は上記のとおり，個々の取引ごとの原価の合計額をもって投資の取得原価としますが，連結財務諸表上は，支配を獲得するに至った個々の取引について，すべて企業結合日における時価に置き直して，投資の金額を算定し直す必要があるということです。

　そして，この時価への置き直しにより生じた差額（「時価に置き直した投資の金額」と「支配を獲得するに至った個々の取引ごとの原価の合計額」との差額）は，当期の損益（「段階取得に係る損益」）として処理されます。

2．仕訳イメージ

　段階的な買収において，個々の取引ごとの原価の合計額が200，支配獲得日の時価に置き直した投資の金額が300で，時価への置き直しの際に100の差益が発生する場合の（連結財務諸表上の）仕訳イメージは以下のとおりです。

```
【連結修正＝連結財務諸表】
　（借）子 会 社 株 式　　　100　　（貸）段階取得に係る　　　100
　　　　　　　　　　　　　　　　　　　　　差　損　益
```

（注）この仕訳の後，通常の資本連結を行うことになります。なお，下記**4.**においては，子会社の純資産が200であるという仮定を置いています。

3．連結損益計算書上の見え方

段階取得による買収前		段階取得による買収後			
【個別・連結財務諸表】		【親会社個別財務諸表】		【連結財務諸表】	
経常利益	0	経常利益	0	経常利益	0
特別利益	0	特別利益	0	特別利益	100
				段階取得に係る差益	100
特別損失	0	特別損失	0	特別損失	0
税引前利益	0	税引前利益	0	税引前利益	100

　上記の連結損益計算書は，段階取得に係る差益が発生する例ですが，もちろん差損が発生するケースもあります。具体的には，「時価に置き直した投資の

金額」が「個々の取引ごとの原価の合計額」を下回る場合（端的には，時価が下落傾向にあった場合）がこれに該当します。

4．連結貸借対照表上の見え方

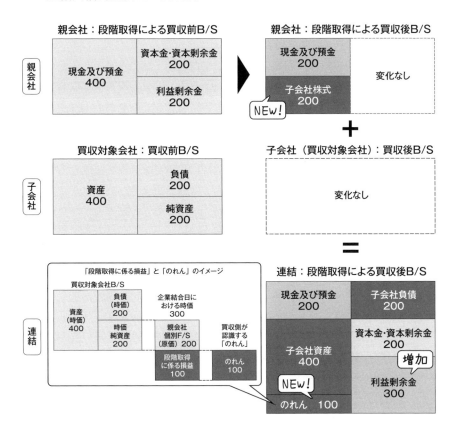

　親会社の個別財務諸表上，子会社株式の取得原価（個々の取引ごとの原価の合計額）は200であり，これは，子会社の純資産200と同額です。しかしながら，連結財務諸表上，親会社の投資を支配獲得日の時価に置き直したことで，子会社への投資の金額が300に増額されるため，資本連結の結果，「のれん」が100発生しています。つまり，上図では「のれん」100と利益剰余金に含まれる「段階取得に係る差益」100がちょうど対応する形になっています。

ケース76　買収による子会社化に際して条件付取得対価を支払う

例えば：買収による子会社化に際して，アーンアウト条項に基づき追加の買収対価を支払う

1．概　要

　企業買収にあたっては，買収の対価が買収時点の一時で支払われるとは限らず，条件付（取得）対価という形で，事後的に支払われるケースもあります。

　ここで，会計上の「条件付取得対価」とは，企業結合契約において定められ，将来の特定の事象または取引の結果に依存して，企業結合日後に追加的に交付（または返還）される取得対価をいいます。

　条件付取得対価は，一般に企業結合契約締結後の将来の業績に応じて支払われる場合が多いと考えられます。すなわち，買収対象会社（被取得企業）の特定の事業年度における業績の水準に応じて，取得企業が対価を追加で交付するというケースで，これをあらかじめ企業結合契約の条項として含めておくわけです。これは一般に言われる「アーンアウト条項」であり，被取得企業の重要な財務指標（例えば，EBITDA）を特定し，その指標で見て，一定の期間に所定の業績を達成した場合には，取得企業は売主（被取得企業の株主など）に対して，所定の算式で計算した対価を支払うという条項を意味します。

　日本の会計基準では，条件付取得対価のうち，このように将来の業績に依存するものについては，条件付取得対価の交付が確実となり，その時価が合理的に決定可能となった時点で，支払対価を取得原価として追加的に認識するとともに，「のれん」または「負ののれん」を追加的に認識することになります（条件付取得対価については，その他特定の株式または社債の市場価格に依存するものもあります）。

　この場合，追加的に認識する「のれん」または「負ののれん」は，企業結合日時点で認識されたものと仮定して計算し，追加認識する事業年度以前に対応する償却額及び減損損失額は損益として処理します。

　つまり，日本の会計基準では，企業結合日時点で条件付取得対価の見積計上を行うわけではなく，いったんはその時点で支払いが確定している対価の額で会計処理を行い，その後，追加的な対価の支払いが確実になった時点で追加的な会計処理を行うということです。

2．仕訳イメージ

　アーンアウト条項に基づき，条件付取得対価100を追加で支払う場合の仕訳イメージは以下のとおりです（過年度の「のれん償却額」は無視します）。

```
【個別財務諸表】
　（借）子 会 社 株 式　　100　　（貸）現 金 及 び 預 金　　100
【連結修正】
　（借）の　　れ　　ん　　100　　（貸）子 会 社 株 式　　100
【連結財務諸表】
　（借）の　　れ　　ん　　100　　（貸）現 金 及 び 預 金　　100
```

3．連結損益計算書上の見え方

　影響なし。

4．連結貸借対照表上の見え方

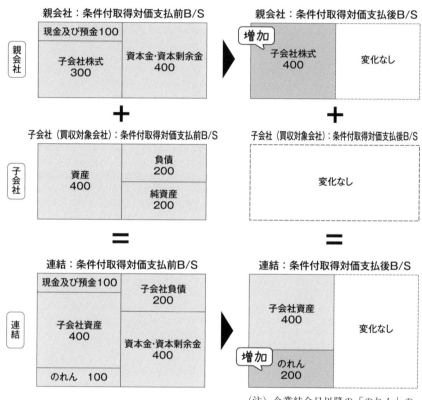

（注）企業結合日以降の「のれん」の
償却額は無視しています。

　連結貸借対照表で見ると，ちょうどキャッシュ（上図では100）が「のれん」
に変わっていることが確認できます。これは，追加で対価を支払うことで，そ
の部分が「のれん」になっていることを意味します。

5．将来の財務数値への影響

　「のれん」の計上が将来の損益に与える影響については，**ケース83**をご参照
ください。

　なお，買収契約にアーンアウト条項がある場合，新たに子会社になった買収
対象会社の業績が好調であれば，一定期間「のれん」が発生し続け，償却負担

が増すケースもある点に注意が必要です。これは買収時点でよく考えておくべき論点といえます。

| ケース77 | 買収による子会社化に際して付随費用を支払う |

例えば：買収による子会社化に際して，外部のアドバイザーや専門家に報酬を支払う

1．概　要

(1)　個別財務諸表

　企業が既存の他の企業を買収して子会社化する場合，その企業（親会社）は個別財務諸表上，「子会社株式」を取得することになりますが，この場合，子会社株式の取得時における付随費用は，子会社株式の取得価額に含めて処理します。

(2)　連結財務諸表

　連結財務諸表においては，取得関連費用（外部のアドバイザー等に支払った特定の報酬や手数料など）は，発生した期の費用として処理します。つまり，資産計上されないということで，個別財務諸表とは異なる会計処理になります。

2．仕訳イメージ

　買収対象会社（純資産200＝資産400－負債200）の全株式を300で取得する場合，すなわち，「子会社への投資」が300，「子会社の資本」が200である場合で，取得関連費用100を支払う場合の仕訳イメージは以下のとおりです。

220

【親会社個別財務諸表】			
（借）子会社株式	400 (注)	（貸）現金及び預金	400

【子会社財務諸表】
　（仕訳なし）

【連結修正】

（借）子会社純資産	200	（貸）子会社株式	400
のれん	100		
子会社株式取得関連費用	100		

【連結財務諸表】

（借）子会社諸資産・負債	200	（貸）現金及び預金	400
のれん	100		
子会社株式取得関連費用	100		

（注）取得関連費用100を含みます。

3．連結損益計算書上の見え方

取得関連費用発生前		取得関連費用発生後			
【個別・連結財務諸表】		【親会社個別財務諸表】		【連結財務諸表】	
売上高	0	売上高	0	売上高	0
売上原価	0	売上原価	0	売上原価	0
売上総利益	0	売上総利益	0	売上総利益	0
販売費及び一般管理費	0	販売費及び一般管理費	0	販売費及び一般管理費	100
				子会社株式取得関連費用	100
営業利益	0	営業利益	0	営業利益	▲100

　取得関連費用について，個別財務諸表上は子会社株式の取得価額に含まれる（資産計上される）ため，親会社の個別損益計算書への影響はありません。しかしながら，連結財務諸表上は費用処理されるため，上記のとおり，連結損益計算書にはインパクトがあります。

　取得関連費用の表示区分について，会計基準上は明示されていませんが，新規の買収のケースでは販売費及び一般管理費に計上し，子会社株式の追加取得のケースでは営業外費用に計上するという考え方があります。これは前者が事業投資の付随費用であるのに対し，後者は財務費用という位置付けになるためと考えられます。

　案件にもよりますが，取得関連費用は多額に上ることも多いので，このような連単差には注意が必要です。

4．連結貸借対照表上の見え方

　個別貸借対照表と連結貸借対照表の利益剰余金を比べると，取得関連費用（100）の分だけ，連結貸借対照表上の利益剰余金のほうが小さくなっています。
　また，連結貸借対照表を見ると，取得関連費用が「のれん」を構成していないことも確認できます。つまり，「のれん」100は，子会社株式の取得価額400のうち取得関連費用100を除く部分（300）を基礎として，子会社の資本200との差額として計算されているということです。

5．将来の財務数値への影響

　取得関連費用について，連結財務諸表上は発生時に費用処理されるため，将来の財務数値への影響はありません。しかしながら，親会社の個別財務諸表上は子会社株式の取得価額に含まれる（資産計上される）ため，将来においてそれを売却した際に，子会社株式の譲渡原価の一部となり，その売却損益を構成します（損要素）。つまり，子会社株式の売却段階で改めて（逆方向の）連単差が発生し，そのタイミングで個別財務諸表上の損益インパクトが連結財務諸表上のそれに追いつくことになります。

ケース78	子会社株式を追加取得する

例えば：既存の子会社の株式をさらに買い増す

1．概　要

⑴　個別財務諸表

　親会社は非支配株主（少数株主）から子会社の株式を追加取得して，保有割合を引き上げるケースがあります。例えば，他社との合弁形態で運営していた子会社について，その他社からの要請により，または経営の自由度を拡大したいという自社の判断により，完全子会社化するようなケースが考えられます。この場合，親会社の個別財務諸表上は子会社株式が増額されるのみです。

⑵　連結財務諸表

　連結財務諸表上は，子会社株式の追加取得により親会社の持分が増加し，非支配株主（少数株主）の持分が減少します。そこで，まずは追加取得した株式に対応する持分を非支配株主持分から減額します（親会社持分への振替え）。そして，追加取得により増加した親会社持分（「追加取得持分」）は追加投資額と相殺消去しますが，これにより生じた差額は，「のれん」ではなく，資本剰余金として処理します（図表78参照。なお，この差額は一時差異に該当するため，繰延税金資産または負債が計上される場合があります）。

【図表78】 子会社株式の追加取得

2．仕訳イメージ

　子会社株式を200追加取得し，それによる追加取得持分（＝非支配株主持分の減少）が100である場合の仕訳イメージは以下のとおりです。

```
【個別財務諸表】
  （借）子 会 社 株 式      200   （貸）現 金 及 び 預 金    200
【連結修正】
  （借）非支配株主持分       100   （貸）子 会 社 株 式      200
       資 本 剰 余 金      100
【連結財務諸表】
  （借）非支配株主持分       100   （貸）現 金 及 び 預 金    200
       資 本 剰 余 金      100
```

3．連結損益計算書上の見え方

　影響なし。

4. 連結貸借対照表上の見え方

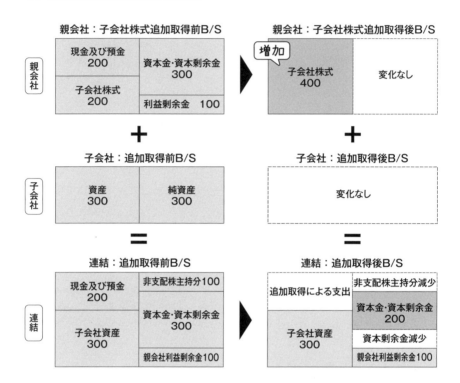

　連結貸借対照表上，対価200を支払った結果，非支配株主持分100が消滅しています（親会社持分への振替え）。そして，差額100は「のれん」ではなく，資本剰余金（の減少）として処理されていることが確認できます。

5. 将来の財務数値への影響

　子会社株式の追加取得により，将来の子会社の利益のうち，非支配株主に帰属する利益が減少し，親会社に帰属する利益が増加します。その意味で，追加取得時の対価は，将来の子会社の利益相当額（のうち非支配株主に帰属する部分）の対価を前払いしていると解釈することもできます。

ケース79	株式交換により子会社を完全子会社化する

例えば：株式交換により非支配株主を排除して，既存の子会社を100％子会社化する

1．概　要

(1) 個別財務諸表（親会社）

　親会社は子会社の非支配株主（少数株主）を排除する目的などで，株式交換を行うケースがあります。

　ここで，「株式交換」とは，対象となる会社を完全子会社（100％子会社）にするための再編手法であり，単純にいうと，対象会社の株主が保有している株式を自社（完全親会社となる会社）の株式に交換するものです。

　株式交換により子会社を完全子会社化する場合，親会社は基本的に非支配株主（少数株主）から（自社の株式と交換に）子会社株式を追加取得することになります。この場合，親会社の個別財務諸表上，取得する子会社株式の取得原価は，取得の対価（交付した親会社株式の時価）に付随費用を加算する形で算定されます。

　また，親会社が新株を発行する場合，払込資本が増加しますが，増加すべき払込資本の内訳項目（資本金，資本準備金またはその他資本剰余金）は，会社法の規定に基づき決定することになります。なお，新株を発行する代わりに，自己株式を割り当てることもできます（その他，現金対価なども可能）。

(2) 個別財務諸表（子会社）

　子会社から見た株式交換は株主の変更にすぎないため，子会社の個別財務諸表には影響はありません（ただし，詳細は割愛しますが，非適格株式交換であれば，子会社に税金費用が発生する可能性はあります）。

(3) 連結財務諸表

　株式交換は，親会社による子会社株式の追加取得であるため，連結財務諸表上の会計処理もそれとほぼ同様です。端的には，交付する株式の時価と減少する非支配株主持分（＝増加する親会社持分）との差額は資本剰余金として処理します（**ケース78**参照）。また，個別財務諸表上で子会社株式の取得原価に含

めた付随費用は, 連結財務諸表上, 取得関連費用として発生した年度の費用として処理されます（**ケース77**参照）。

2. 仕訳イメージ

株式交換に際して, 親会社は新株200を発行して, 子会社株式を追加取得し, それによる追加取得持分が100である場合の仕訳イメージは以下のとおりです（取得関連費用は無視します）。

【親会社個別財務諸表】				
（借）子 会 社 株 式	200	（貸）払 込 資 本	200
【連結修正】				
（借）非支配株主持分	100	（貸）子 会 社 株 式	200
資 本 剰 余 金	100		
【連結財務諸表】				
（借）非支配株主持分	100	（貸）払 込 資 本	200
資 本 剰 余 金	100		

3. 連結損益計算書上の見え方

影響なし。

4．連結貸借対照表上の見え方

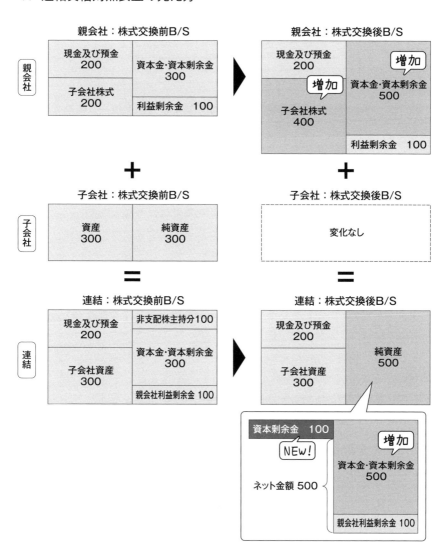

　基本的な動きは子会社株式の追加取得の場合（**ケース78**参照）と同じですが，上図では親会社による新株発行を前提としているため，払込資本の動きが異なります。すなわち，交付する株式の時価と減少する非支配株主持分（＝増加する親会社持分）との差額100が資本剰余金（の減少）として処理される点は同

じですが，このケースでは，株式交換に伴う新株発行により，親会社の払込資本が200増加するという影響もあるということです（新株発行に代えて，自己株式を割り当てる場合にはまた異なる見え方となります）。

ケース80	子会社に貸付を行う

例えば：子会社に外部資金を調達させず，親会社が親子ローンの形で資金供給する

1．概　要

(1)　個別財務諸表

　親会社が子会社に資金を供給する場合，出資ではなく融資によるケースもあります。親会社が子会社に貸付けを行った場合，親会社の個別財務諸表上は子会社に対する貸付金が計上されるのみです。

(2)　連結財務諸表

　連結財務諸表上，グループ内（連結会社相互間）における取引やグループ内の債権・債務は，相殺消去されます。

　すなわち，連結財務諸表の考え方では，グループは一体なので，親会社の「子会社への貸付金」と子会社の「親会社からの借入金」とは相殺消去されるということで，言い換えると，連結貸借対照表上の債権・債務はグループ外に対するものに限定されることになります。

2．仕訳イメージ

　親会社が銀行借入れ100を行い，同額を子会社に貸し付ける場合の仕訳イメージは以下のとおりです。

【親会社個別財務諸表】					
（借）現金及び預金	100	（貸）銀行借入金	100		
（借）子会社貸付金	100	（貸）現金及び預金	100		
【子会社個別財務諸表】					
（借）現金及び預金	100	（貸）親会社借入金	100		
【連結修正】					
（借）親会社借入金	100	（貸）子会社貸付金	100		
【連結財務諸表】					
（借）現金及び預金	100	（貸）銀行借入金	100		

3．連結損益計算書上の見え方

影響なし。

4．連結貸借対照表上の見え方

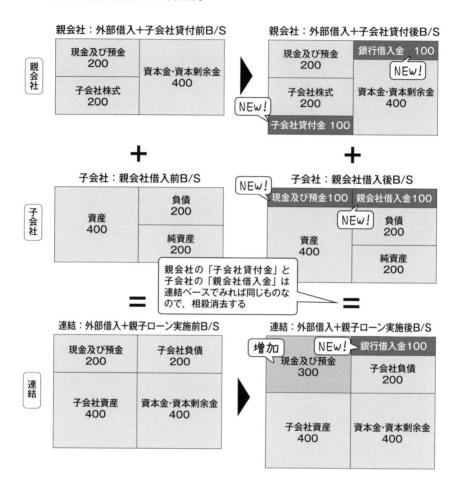

　上図のとおり，連結貸借対照表上は，子会社保有のキャッシュ（の増加）と親会社の銀行借入金が残る形になります。つまり，グループ全体としては，親会社側で外部借入れにより資金を調達し，子会社側でその資金を設備投資などに回している（回す）ことがわかります。その意味で，連結貸借対照表への影響は，子会社が自ら外部借入れを行って設備投資を行うケースと基本的に同様です（**ケース81**参照）。

　なお，親会社が借入れを行って，子会社に（融資ではなく）出資する場合に

ついても，基本的に連結貸借対照表は同じ見え方になります。

5．将来の財務数値への影響

　親子ローンに伴う利息のやり取りについては，**ケース85**をご参照ください。

　また，子会社は自らの営業キャッシュ・フローで親子ローンを返済することになりますが，親会社は親子ローンの回収により得た資金で，銀行借入金を返済していきます。したがって，連結財務諸表上で見れば，子会社の営業キャッシュ・フローで，連結財務諸表上も残る銀行借入金を返済していく形になります。

ケース81	子会社が外部借入れを行う

　例えば：親会社が親子ローンの形で資金供給するのではなく，子会社に自ら外部資金を調達させる

1．概　要

⑴　個別財務諸表

　ケース80のように親会社が資金調達して子会社に貸付けを行う代わりに，子会社が直接外部借入れを行うことも可能です。この場合，当然ながら親会社の個別財務諸表には影響はありません。

⑵　連結財務諸表

　子会社が直接外部借入れを行う場合，子会社の個別財務諸表上は借入金が計上され，それが連結財務諸表上もそのまま残ります。つまり，特段の連結修正は行われません。

2．仕訳イメージ

　子会社が銀行借入れ100を行う場合の仕訳イメージは以下のとおりです。

```
【子会社個別財務諸表＝連結財務諸表】
　（借）現 金 及 び 預 金　　100　　（貸）銀 行 借 入 金　　　100
```

3. 連結損益計算書上の見え方

子会社の資金調達時点では，影響はありません。

4. 連結貸借対照表上の見え方

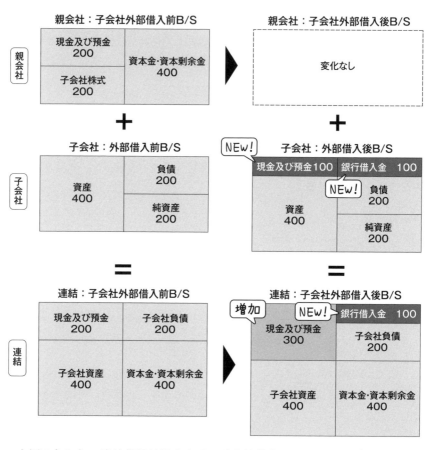

上図のとおり，連結貸借対照表上は，子会社保有のキャッシュ（の増加）と子会社の銀行借入金が残る形になります。このケースでも，グループ全体としては，外部借入れにより資金を調達し，それをもとに新規の設備投資を行うという意味合いになるため，連結貸借対照表への影響は，親会社が外部借入れを行って，親子ローンの形で子会社に融資するケースと基本的に同様です（**ケース80**参照）。

コラム　　海外子会社による外部資金調達のメリット

　連結財務諸表の視点で見ると，「子会社が自ら外部借入れを行う場合」と「親会社が外部借入れを行って，それを親子ローンの形で子会社に供給する場合」と基本的に同じ形になります。

　しかしながら，子会社が海外子会社の場合には，子会社が自ら外部借入れを行ったほうが，グループとしての為替リスクを低減できる可能性が高くなります。

　すなわち，親子ローンの形で海外子会社に資金供給する場合，日本親会社が調達する外部借入金は基本的に円建てである一方，子会社の設備投資が生む営業キャッシュ・フローは外貨建て（子会社所在地国の現地通貨建て）になるため，連結財務諸表の視点では為替リスクが残ります。

　一方，海外子会社が自ら資金調達する場合，設備投資と同一通貨による借入れができる可能性が高く，その場合，子会社の営業キャッシュ・フローをそのまま借入れの返済に回すことができます（いずれも日本から見て外貨建て）。その意味で，日本親会社からの親子ローンに比べると，グループとしての為替リスクが低減されるということです。

　ただし，海外子会社に自ら資金調達させることは，親子ローンの場合よりも管理上のリスク（不正リスクを含む）が高いので，海外子会社がしっかりとリスクをコントロールできることが前提になります。

5．将来の財務数値への影響

　子会社は自らの営業キャッシュ・フローで，直接銀行借入金を返済していきます。したがって，親子ローンのケース（ケース80参照）とは資金の流れが異なります。しかしながら，連結財務諸表上で見れば，子会社の営業キャッシュ・フローで，連結財務諸表上も残る銀行借入金を返済していく形になり，その意味では，親子ローンのケースと同じともいえます。

② 子会社の管理

ケース82	子会社が利益を計上する

例えば：業績の良い子会社が利益を計上する

1．概　要

(1) 個別財務諸表

　子会社が利益を計上した場合でも，親会社の個別財務諸表上，子会社株式の金額は影響を受けず，子会社の利益も反映されません。これは，親会社の個別財務諸表上，子会社株式は取得原価をもって貸借対照表価額とされるためです。

　子会社を設立したケースを前提として，少し整理すると，図表82のとおり，①親会社が出資した時点では，親会社の「子会社株式」と子会社の「純資産」は一致しています。次に，②子会社が利益を計上した時点では，子会社の純資産は増加しますが，親会社の個別財務諸表上は何らの処理もしないので，両者の間にズレが生じるということです。

【図表82】子会社への投資→子会社の利益計上（個別B/S）

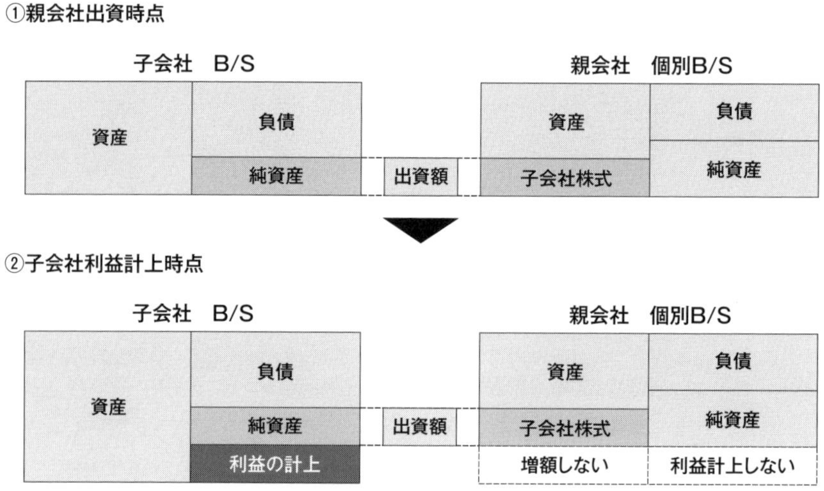

①親会社出資時点

子会社　B/S			親会社　個別B/S	
資産	負債	出資額	資産	負債
	純資産		子会社株式	純資産

▼

②子会社利益計上時点

子会社　B/S			親会社　個別B/S	
資産	負債	出資額	資産	負債
	純資産		子会社株式	純資産
	利益の計上		増額しない	利益計上しない

(2)　連結財務諸表

　連結財務諸表上は，子会社の損益計算書を合算することで，子会社の利益がその稼得時点で（つまり，配当を待たずに）自動的に連結損益計算書上の利益として取り込まれます。

コラム　海外子会社の利益＝税引後手取額ベース（留保利益の税効果）

　子会社が利益を計上した場合に，その利益の取込み以外にもう1つ検討すべき要素として，留保利益の税効果があります。

　留保利益の税効果とは，投資後に子会社が利益を計上した場合，連結財務諸表上，「その利益を将来配当することに伴う親会社の追加見積税金額」を，子会社の利益計上時点で繰延税金負債として計上するというものです(注)。単純にいうと，子会社の利益（税引後利益）を連結損益計算書に取り込む場合，そのまま取り込むのではなく，「仮にその利益を配当したら，親会社側でどれだけの税務コストが発生するか」を見積もり，その分を差し引いて利益を取り込むことになります。つまり，取り込まれる子会社の利益は，親会社が将来受け取るであろう配当の税引後手取額ベースになっているということです。

　この留保利益の税効果については，海外子会社について特に注意が必要です。具体的には，海外子会社からの配当送金に対する追加見積税金額は，外国子会社配当益金不算入制度（ケース84参照）が適用される前提で，「親会社において課される税金の見積額（＝配当等の額の5％×親会社における実効税率）」と「外国源泉所得税等の額」を合算したものとなります。つまり，海外子会社が計上した利益は，その分だけ目減りした状態で連結損益計算書に反映されるということで，これは業績予想などの局面でも考慮すべき要素といえます。

（注）ただし，親会社に子会社の利益を配当しないという方針や他の株主等との間に合意がある場合など，配当に係る課税関係が生じない可能性が高い場合には，繰延税金負債は計上されません。

2．仕訳イメージ

　子会社が利益を100計上する場合の仕訳イメージは以下のとおりです（留保利益の税効果については無視します）。

【子会社財務諸表＝連結財務諸表】
　（借）子　会　社　　　100　　（貸）利　　　　益　　　100
　　　　諸資産・負債

3．連結損益計算書上の見え方

子会社利益計上前		子会社利益計上後			
【個別・連結財務諸表】		【親会社個別財務諸表】		【連結財務諸表】	
営業利益	0 ➡	営業利益	0	営業利益	100
営業外収益	0	営業外収益	0	営業外収益	0
営業外費用	0	営業外費用	0	営業外費用	0
経常利益	0	経常利益	0	経常利益	100

　上記では営業損益段階から表示していますが，子会社の損益は，売上段階からすべて連結損益計算書に取り込まれることになります。

コラム　子会社損益の取込み開始タイミング

　ある程度規模の大きな企業を買収した場合，その新規子会社の損益計算書を取り込むことで，連結損益計算書にも影響があります。そのため，「いつから」その子会社が連結され，「いつから」その損益が連結損益計算書に寄与するか，というのは重要な問題です。期の途中からの連結であれば，新規子会社の損益について，例えば，「当期は第4四半期のみの寄与だが，来期は通期で寄与するため…」等の説明が必要になる場合があります。

4．連結貸借対照表上の見え方

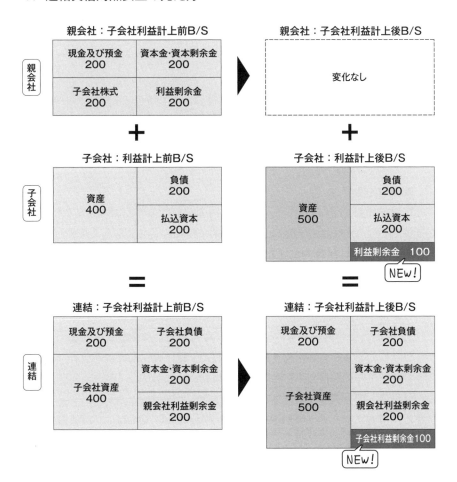

　連結後に子会社が利益を計上すると，子会社の純資産の一部（子会社化後の利益剰余金）が連結貸借対照表上も残ることになります。逆にいうと，この部分は親会社の投資と相殺消去されません。

5．将来の財務数値への影響

　子会社が稼得した利益を配当する場合について，**ケース84**をご参照ください。

ケース83	のれんを償却する

例えば：買収に際して計上した連結財務諸表上の「のれん」について，買収後に償却する

1．概　要

⑴　個別財務諸表

　個別財務諸表上，「のれん」は親会社が保有する子会社株式（投資簿価）に含まれているため，償却の対象にはなりません。

⑵　連結財務諸表

　連結財務諸表上，「のれん」は20年以内のその効果の及ぶ期間にわたって，定額法その他の合理的な方法により規則的に償却する必要があります（**ケース74**参照。ただし，重要性が乏しい場合には，発生事業年度に費用処理できます）。買収した事業がどのような状況であれ，あくまでも償却は規則的に行うということです。そして，「のれん」の当期償却額は販売費及び一般管理費の区分に表示され，連結損益計算書上の営業損益に反映されます。

　「のれん」には超過収益力に対するプレミアムという性格があります。したがって，償却を通じて費用化された「のれん」は，概念的には子会社（買収対象会社）が実際に稼得した超過収益（営業利益）に対応しており，実際に連結損益計算書上でもそれと相殺されます（下記3．参照）。

　また，償却に加えて，買収事業の業績が悪ければ，「のれん」が減損処理の対象となることもあります。

2．仕訳イメージ

　連結財務諸表上の「のれん」100について，当期20を償却する場合の仕訳イメージは以下のとおりです。

（借）のれん償却額	20	（貸）の　れ　ん	20

3．連結損益計算書上の見え方

のれん償却前			
【個別・連結財務諸表】			
売上高	0		
売上原価	0		
売上総利益	0		
販売費及び一般管理費	0		
営業利益	0		

のれん償却後			
【親会社個別財務諸表】		【連結財務諸表】	
売上高	0	売上高	0
売上原価	0	売上原価	0
売上総利益	0	売上総利益	0
販売費及び一般管理費	0	販売費及び一般管理費	20
		のれん償却額	20
営業利益	0	営業利益	▲20

　子会社の利益は連結損益計算書に取り込まれますが（**ケース82**参照），そこから「のれん」の償却額が差し引かれる形で，両者がマッチングされます。「のれん」は買収対象会社の（将来の）超過収益力見合いなので，その償却額は，いわば事前に支払った対価を随時費用処理していくものと整理できます。

　そうすると，連結損益計算書に取り込まれる子会社の利益が「のれん」の償却額を上回っていれば，対価を支払った以上の超過利益が実現していることを意味します。逆に，買収された子会社の損益が，「のれん」の償却後で赤字であれば，それは買収時点で見込んだほど利益が出なかったということです。

　この点を確認するために，上表を**ケース82**の子会社による利益計上と組み合わせてみます。**ケース82**では，子会社の営業利益を100としましたが，これを売上総利益とみなして上記の連結損益計算書と組み合わせると，以下のとおりです。

子会社利益計上前＋のれん償却前			
【個別・連結財務諸表】			
売上総利益	0		
販売費及び一般管理費	0		
営業利益	0		

子会社利益計上後＋のれん償却後			
【親会社個別財務諸表】		【連結財務諸表】	
売上総利益	0	売上総利益	100
販売費及び一般管理費	0	販売費及び一般管理費	20
		のれん償却額	20
営業利益	0	営業利益	80

　子会社の売上総利益100が取り込まれる一方，「のれん償却額」20が連結損益計算書上で費用処理されるため，結果として残る営業利益は80になります。この場合，少なくともこの期については，対価を支払った以上の超過利益が実現していると整理できそうです。

4．連結貸借対照表上の見え方

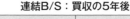

　連結財務諸表上，「のれん」の償却額は費用になるので，その分利益剰余金を減少させます。つまり，「のれん」は資産ですが，最終的に費用に変わるという意味で，買収時点における費用の前払いと捉えておくべきといえます。

5．将来の財務数値への影響

　「のれん」の追加償却または減損処理について，**ケース86**をご参照ください。

コラム　「のれん」の償却終了による営業損益の改善

　「のれん」の当期償却額は，販管費に含まれるため，営業損益を圧迫する要因になります。したがって，その償却負担を事前に見積もっておくことは重要になります。

　逆にいうと，「のれん」の償却が終了するタイミングでは，その償却負担がなくなることで，営業増益の要因となります。業績予想に際しては，この点も事前に見積もっておく必要があります。実際に，決算説明においては「連結子会社…社の「のれん」については，翌期の第3四半期で償却が終了する見込みである」等の説明もよく見かけます。

| ケース84 | 子会社から配当を回収する |

例えば：資金還流の一環として，子会社から配当の支払いを受ける

1．概　要

(1)　個別財務諸表

　親会社が子会社から利益の還流を受ける場合，配当がその主な手段になりますが，親会社の個別財務諸表上，子会社からの配当は「受取配当金」として営業外収益に計上されます。

　ケース82と同様，子会社からの配当回収を，子会社の財務諸表との関係で整理します。図表84のとおり，配当前の段階として，②子会社による利益計上時点では，子会社の「純資産」だけが増加し，親会社の「子会社株式」と乖離した状態にあります。これに対して，③子会社がその利益を配当すると，子会社の側ではキャッシュと純資産（のうち利益剰余金）が減少します。一方，親会社の側ではキャッシュが増加し，配当の収益計上により純資産（のうち利益剰余金）も増加します。つまり，子会社からの配当については，親会社の個別財務諸表上，子会社が積み上げたキャッシュと利益剰余金を，ちょうど親会社に付け替えるような形になっています。

【図表84】子会社への投資→子会社の利益計上→子会社からの配当（個別B/S）

①親会社出資時点

前掲の図表82参照

②子会社利益計上時点

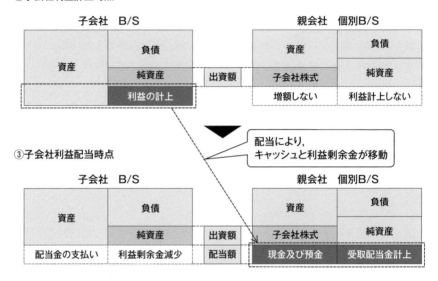

③子会社利益配当時点

(2) 連結財務諸表

連結財務諸表上は，子会社の配当金相当額はすでに子会社の利益として取り込まれて，利益剰余金となっているものです（**ケース82参照**）。したがって，親会社の受取配当金をそのまま残してしまうと，利益の二重計上になります。言い方を変えると，連結財務諸表の視点では，グループ内の配当は，単純にグループ内で資金を動かしただけという位置付けに過ぎないため，消去すべきということです。

コラム　　海外子会社からの配当に係る税金費用の認識タイミング

　海外子会社からの配当については，それに伴う税務コストが重要になるケースがあります。

　すなわち，国内子会社からの配当に係る源泉税については，基本的に税務コストになりませんが，海外子会社からの配当に係る源泉税については，その海外子会社が法人税法上の「外国子会社」[注1]に該当すれば，純粋な税務コストとなるため，配当源泉税率の高い国の子会社については注意が必要です。

　日本親会社の個別財務諸表上，このような配当源泉税については，税金費用として，「法人税，住民税及び事業税」に含めて計上されます。

　一方，連結財務諸表上はその部分は，基本的に海外子会社の利益計上時点で，すでに税金費用として認識済みです（留保利益の税効果。ケース82参照）。したがって，再度税金費用として認識することはなく，海外子会社の配当時点で税金費用は計上されません[注2]。その意味で，海外子会社からの特別配当の回収時などでも，特に連結財務諸表上の税金費用は気にしなくてよいことになります。

（注1）「外国子会社」とは，外国子会社配当益金不算入制度における用語であり，端的には25％以上，6か月以上保有している外国法人を指します。同制度の適用を受ける外国子会社からの配当は，原則として95％益金不算入となる一方，対応する源泉税は損金不算入かつ外国税額控除の対象外とされています。

（注2）連結財務諸表上，海外子会社の配当に伴って留保利益に係る繰延税金負債が取り崩されるため，「法人税等調整額」が利益サイドに計上され，日本親会社が配当に伴って計上した「法人税，住民税及び事業税」と（税金費用全体としては）相殺されることになります。

2．仕訳イメージ

　親会社が子会社から100の配当を回収する場合の仕訳イメージは以下のとおりです（留保利益の税効果を含め，税金費用は無視します）。

【親会社個別財務諸表】
　（借）現 金 及 び 預 金　　　100　　（貸）受 取 配 当 金　　　100
【子会社個別財務諸表】
　（借）利 益 剰 余 金　　　100　　（貸）現 金 及 び 預 金　　　100
【連結修正】
　（借）受 取 配 当 金　　　100　　（貸）利 益 剰 余 金　　　100
　　　　　　　　　　　　　　　　　　　　　（実質的に仕訳なし）

【連結財務諸表】
　（仕訳なし）

---

3. 連結損益計算書上の見え方

子会社配当前		子会社配当後			
【個別・連結財務諸表】		【親会社個別財務諸表】		【連結財務諸表】	
営業利益	0	営業利益	0	営業利益	0
営業外収益	0	営業外収益	100	営業外収益	0
		受取配当金	100		
営業外費用	0	営業外費用	0	営業外費用	0
経常利益	0	経常利益	100	経常利益	0

　上記のとおり，親会社の個別損益計算書上は，子会社からの受取配当金が営業外収益に反映されますが，連結損益計算書上はそれが消去されるため，影響はありません。これは，連結財務諸表上，この配当金相当額は過去に利益として取り込まれ，すでに利益剰余金となっているものだからです。

　この点を確認するために，子会社が営業利益100を計上した期と同じ期に100の配当を受けたとすると（実際には，配当は税引後利益から支払われます），損益計算書は以下の見え方になります。

子会社利益計上前＋配当前		子会社利益計上後＋配当後			
【個別・連結財務諸表】		【親会社個別財務諸表】		【連結財務諸表】	
営業利益	0	営業利益	0	営業利益	100
営業外収益	0	営業外収益	100	営業外収益	0
		受取配当金	100		
営業外費用	0	営業外費用	0	営業外費用	0
経常利益	0	経常利益	100	経常利益	100

　子会社の利益は，親会社の個別損益計算書上は受取配当金（営業外収益）の形で取り込まれ，経常利益に反映されます。一方，連結損益計算書上は売上段階からそのまま取り込まれるため，上記でも営業損益に反映されていることが確認できます。

4．連結貸借対照表上の見え方

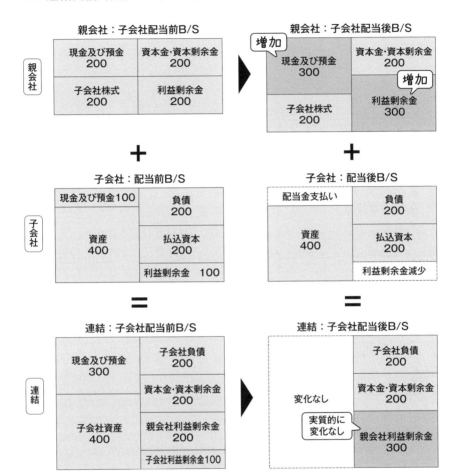

　配当によりキャッシュや利益剰余金が子会社から親会社に付け替わるという影響はありますが，あくまでグループ内のことなので，連結貸借対照表上は全体として変化はありません。上図の連結貸借対照表も実質的には「変化なし」であり，影響はキャッシュや利益剰余金の帰属が変わっているのみです。

ケース85	子会社から利息を回収する

例えば：資金還流の一環として，子会社から利息の支払いを受ける

1．概　要

(1) 個別財務諸表

　親会社が子会社から利益の還流を受ける場合，配当がその主な手段になりますが（**ケース84**参照），利息による利益還流もありえます。親会社が子会社に貸付けを行い，利息を回収する場合，親会社の個別財務諸表では，発生ベースで「受取利息」を認識し，営業外収益として計上します。

(2) 連結財務諸表

　親会社から子会社への貸付金については，連結修正仕訳のなかで，子会社の借入金と相殺消去され（**ケース80**参照），同様に親会社の受取利息も子会社の支払利息と相殺消去されるため，基本的に連結財務諸表への影響はありません。いずれもグループ内で資金のやり取りが完結するため，連結財務諸表上何らの取引も行われていない位置付けになるためです。

2．仕訳イメージ

　親会社が子会社から100の利息を回収する場合の仕訳イメージは以下のとおりです。

```
【親会社個別財務諸表】
　（借）現 金 及 び 預 金　　100　　（貸）受 取 利 息　　100
【子会社個別財務諸表】
　（借）支 払 利 息　　100　　（貸）現 金 及 び 預 金　　100
【連結修正】
　（借）受 取 利 息　　100　　（貸）支 払 利 息　　100
【連結財務諸表】
　（仕訳なし）
```

3．連結損益計算書上の見え方

子会社利払い前		子会社利払い後			
【個別・連結財務諸表】		【親会社個別財務諸表】		【連結財務諸表】	
営業利益	0	営業利益	0	営業利益	0
営業外収益	0	営業外収益	100	営業外収益	0
		受取利息	100		
営業外費用	0	営業外費用	0	営業外費用	0
経常利益	0	経常利益	100	経常利益	0

　親会社の個別損益計算書上は，子会社からの受取利息が営業外収益に反映されますが，連結損益計算書上の影響はありません。

4．連結貸借対照表上の見え方

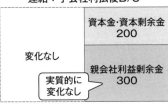

キャッシュや利益剰余金が子会社から親会社に付け替わるという影響はありますが，連結貸借対照表上はグループ内のことなので，全体として変化はありません。この点は，配当による還流の場合（**ケース84**参照）と同様です。

ケース86	子会社が多額の損失を計上する

例えば：業績の悪化した子会社が多額の損失を計上する

1．概　要

⑴　個別財務諸表

子会社が利益を計上している場合（**ケース82**参照）と同様，子会社が損失を計上している場合でも，親会社の個別財務諸表上はそれが自動的に取り込まれることはありません。これは，親会社の個別財務諸表上，子会社株式は取得原価をもって貸借対照表価額とされるためです。

しかしながら，子会社で多額の損失が発生する場合，親会社の個別財務諸表上は子会社株式について，減損処理が行われるケースがあります（減損処理について，**ケース40**参照）。

いま，子会社が非上場であることを前提にすれば，非上場株式（市場価格のない株式等）の実質価額が，発行会社の財政状態の悪化により，著しく（50%程度以上）低下したときは，回復可能性が十分な証拠（実態ベースの財務諸表や事業計画等など）によって裏付けられる場合を除き，減損処理を行う必要があります。

親会社が子会社株式について，この減損処理を行うと，ちょうど子会社の損失（累損）が親会社の個別財務諸表に損失として取り込まれる形になります。**ケース82**と同様の視点で整理すると，以下の図表86のとおり，ちょうど配当で利益を付け替えるケース（**ケース84**参照）と真逆の形になります。

【図表86】子会社への投資→子会社の損失計上→子会社株式の減損処理（個別B/S）

①**親会社出資時点**

　前掲の図表82参照

②**子会社損失計上時点**

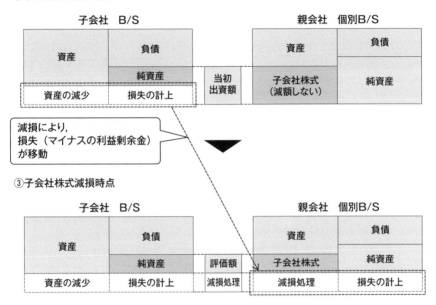

　なお，子会社が債務超過になるなど，子会社の純資産を超える損失が発生している場合，親会社は親子ローンや債務保証に対して，貸倒引当金や債務保証損失引当金を設定する場合があります（それぞれ**ケース87**及び**88**参照）。

(2)　連結財務諸表

　子会社で多額の損失が発生し，親会社が個別財務諸表上で子会社株式の減損処理を行った場合，この評価減は，資本連結の際に消去されます。これは，子会社が計上してきた過去の損失はすでに連結財務諸表に取り込まれており，親会社が計上した評価損をそのまま残しておくと，損失の二重計上になるためです。

　ただし，親会社の個別財務諸表上，子会社株式を減損処理したことにより，減損処理後の帳簿価額が連結財務諸表上の「子会社の資本の親会社持分額＋

「のれん」未償却残高（借方）」を下回った場合には，その差額を「のれん」の残高から控除し，連結損益計算書に「のれん償却額」として計上する必要があります。単純にいうと，連結を個別に合わせるような会計処理が求められるということです（具体的なイメージについては，下記3．(2)（p.252）参照）。

　これに加えて，「のれん」について減損損失の計上が求められる場合もあり，通常の固定資産と同様，減損の兆候の判定に始まる一連の減損会計に関する手続が必要になります（**ケース33**参照。詳細は割愛しますが，「のれん」独自の要検討事項もあります）。

2．仕訳イメージ

　100％子会社（親会社の投資簿価400，純資産300，「のれん」100）が200の損失を計上し，純資産が100になった状況を前提として，以下のそれぞれの場合の仕訳イメージは以下のとおりです。
　(1)　親会社が（回復可能という判断に基づき）子会社株式の減損処理を行わない場合
　(2)　親会社が子会社株式の減損処理（300）を行う場合

(1)　親会社が子会社株式の減損処理を行わない場合

【子会社個別財務諸表＝連結財務諸表】			
（借）損　　　　　失	200	（貸）子　会　社 諸資産・負債	200

(2)　親会社が子会社株式の減損処理を行う場合

```
【親会社個別財務諸表】
　（借）子会社株式評価損　　300　（貸）子 会 社 株 式　　300
【子会社個別財務諸表】
　（借）損　　　　　失　　200　（貸）子　 会　 社　　200
　　　　　　　　　　　　　　　　　　　諸資産・負債

【連結修正】
　（借）子 会 社 株 式　　300　（貸）子会社株式評価損　300
　（借）の れ ん 償 却 額　　100　（貸）の　 れ　 ん　　100
【連結財務諸表】
　（借）損　　　　　失　　200　（貸）子　 会　 社　　200
　　　　　　　　　　　　　　　　　　　諸資産・負債

　（借）の れ ん 償 却 額　　100　（貸）の　 れ　 ん　　100
```

　(1)と(2)の連結財務諸表における仕訳を見比べると，いずれの場合でも子会社の損失200は自動的に取り込まれるため，あとは100の「のれん」を償却するかどうかという違いになっています。すなわち，(2)では，親会社が子会社株式の減損処理（300）を行っているので，それに合わせる形で，連結財務諸表上で「のれん」100を追加償却しています（子会社の損失200＋「のれん償却額」100で，300に一致）。

3．連結損益計算書上の見え方

(1)　親会社が子会社株式の減損処理を行わない場合

子会社損失計上前		子会社損失計上後（減損処理なし）			
【個別・連結財務諸表】		【親会社個別財務諸表】		【連結財務諸表】	
営業利益	0	営業利益	0	営業利益	▲200
経常利益	0	経常利益	0	経常利益	▲200
特別利益	0	特別利益	0	特別利益	0
特別損失	0	特別損失	0	特別損失	0
		関係会社株式評価損	0		
				のれん償却額	0
税引前利益	0	税引前利益	0	税引前利益	▲200

　親会社が子会社株式の減損処理を行わない場合，上記のとおり，単純に子会社の損失が連結財務諸表に合算されるのみです。この場合，連結損益計算書上で損失が先行計上される形になっています。

(2) 親会社が子会社株式の減損処理を行う場合

子会社損失計上前		子会社損失計上後（減損処理あり）			
【個別・連結財務諸表】		【親会社個別財務諸表】		【連結財務諸表】	
営業利益	0	営業利益	0	営業利益	▲200
経常利益	0	経常利益	0	経常利益	▲200
特別利益	0	特別利益	0	特別利益	0
特別損失	0	特別損失	300	特別損失	100
		関係会社株式評価損	300		
				のれん償却額	100
税引前利益	0	税引前利益	▲300	税引前利益	▲300

　親会社が子会社株式の減損処理を行い，それに合わせて連結財務諸表上で「のれん」を追加償却する場合，子会社の損失が連結財務諸表に合算されるだけでなく，「のれん償却額」が追加で計上されます。その結果，上記のとおり，親会社の個別財務諸表上の損益（子会社株式の減損処理を反映したもの）が，連結損益計算書上の損益と一致することになります（子会社の多額の損失が当期にまとめて発生した前提です。子会社で徐々に損失が発生するパターンでは，また異なった影響があります）。

　また，(1)親会社が子会社株式の減損処理を行わない場合と比べると，連結損益計算書上の損益が100だけ悪化しています。これは個別損益計算書の減損処理300に合わせた結果です。

コラム　できれば避けたい「のれん」の追加償却や減損処理

　買収を行う際，一般に買収対象会社の超過収益力を見込んで，「のれん」の対価を支払っているため，買収側のマネジメントは，「のれん」の価値につき説明責任を負います。

　そのため「のれん」が追加償却されたり，また減損処理の対象となったりする場合，（連結）損益計算書上でその影響がはっきりと見えてしまい，それが「実は超過収益力がなかった」，つまり，「投資の失敗」と解釈される可能性があります。そのため，大きな買収をした後，マネジメントには，「のれん」の追加償却や減損処理を回避しなければならない，というプレッシャーが働くことになります。

4．連結貸借対照表上の見え方

(1)　親会社が子会社株式の減損処理を行わない場合

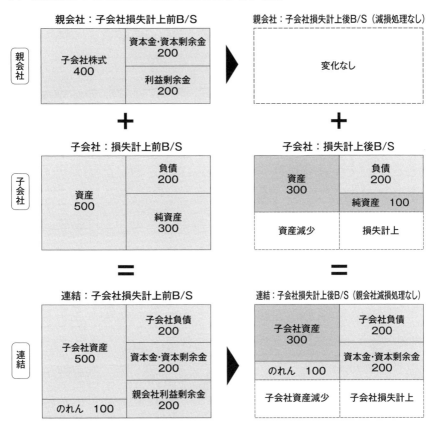

　子会社が多額の損失を計上したものの，親会社の個別財務諸表上の子会社株式の評価に問題がない（回復可能性がある）場合，連結貸借対照表上は子会社の損失が取り込まれ，その分だけ純資産が減少するという影響のみです（連結貸借対照表上の「のれん」も回収可能という前提です）。

　親会社の個別貸借対照表上の純資産と連結貸借対照表上の純資産を比較すると，前者のほうが金額が大きいですが，これは連結財務諸表のみ子会社の損失計上の影響を反映しているためです。

(2) 親会社が子会社株式の減損処理を行う場合

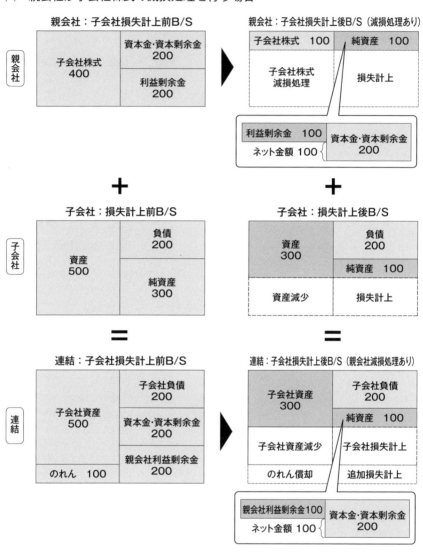

　子会社が多額の損失を計上し，親会社の個別財務諸表上で子会社株式の減損処理を行う（回復可能性がない）場合でも，連結貸借対照表上で子会社の損失が取り込まれ，その分だけ純資産が減少するという影響は，(1)子会社株式を減損処理しない場合と同じです。これは，親会社の個別財務諸表における子会社

株式の減損処理が，連結財務諸表上は取り消されるためです。

連結貸借対照表において⑴と異なるのは，子会社株式の減損処理に伴い，対応する連結貸借対照表上の「のれん」も償却されており，その分だけ損失が大きくなっている点です。

また，利益剰余金の水準からみると，連結財務諸表上は子会社の損失が自動的に取り込まれて減少しますが，親会社の個別財務諸表上は子会社株式の減損処理により，ちょうど連結財務諸表に「追いつく」形になります。すなわち，連結財務諸表の「のれん」の追加償却100も加味すると，減損処理後の純資産はともに100となっており，連単差はありません。

5．将来の財務数値への影響

親会社が個別財務諸表上で子会社株式の減損処理を行ったケースで，その後子会社の業績が回復した場合でも，いったん計上した評価損は戻すことはできません。

一方，連結財務諸表上は，子会社の業績回復が子会社の利益計上という形でそのまま取り込まれ（**ケース82参照**），連結貸借対照表上の純資産は自動的に回復していきます。ただし，子会社の業績悪化時に連結財務諸表上で計上した「のれん」の追加償却等が戻せないのは，個別財務諸表上の子会社株式の減損処理と同様です。

ケース87	子会社貸付金に対して貸倒引当金を設定する

例えば：子会社の業績悪化に伴い，子会社に対する貸付金に貸倒引当金を設定する

1．概　要

⑴　個別財務諸表

個別財務諸表上，親会社が子会社に対する貸付金等に貸倒引当金を設定するケースがありますが，これは主に子会社が債務超過になっている場合が多いと考えられます。

すなわち，子会社に純資産が残っていれば，子会社株式の減損処理だけで済むはずです。一方，子会社が債務超過になった場合，その債務超過見合いの金

額について，最終的には親会社が追加の損失負担を行うケースが多いと考えられます。このような場合，子会社に対する貸付金等があれば，実質債務超過見合いの金額について貸倒引当金の設定を行うことが必要になります（図表87参照）。これは，単純にいうと，将来の債権切捨てや債権放棄に伴う損失に対する引当てと整理できます。

【図表87】債務超過子会社への貸付金に対する貸倒引当金の設定

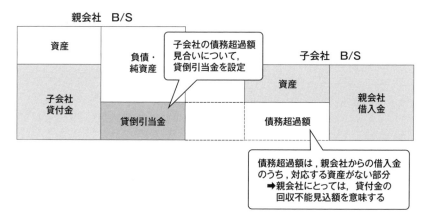

(2) 連結財務諸表

　連結財務諸表上，グループ内の債権・債務は相殺消去されますが，この点は親子ローンについても同様です。これにより，債権（子会社に対する貸付金）自体が消去されるため，対応する貸倒引当金についても，同様に取崩しを行います。

　見方を変えると，連結財務諸表上は子会社の財務諸表を合算することで債務超過金額が自動的に取り込まれるため，子会社の債務超過部分が二重取込みにならないよう，連結修正で貸倒引当金を取り崩すということです。

2．仕訳イメージ

　100％子会社が300の損失計上により100の債務超過に陥ったことを受けて，親会社が子会社株式200を全額減損処理し，さらに親子ローン200に対して貸倒引当金100を設定する場合の仕訳イメージは以下のとおりです。

```
【親会社個別財務諸表】
  （借）子会社株式評価損    200   （貸）子 会 社 株 式    200
  （借）貸倒引当金繰入額    100   （貸）貸 倒 引 当 金    100
【子会社個別財務諸表】
  （借）損        失    300   （貸）子   会   社    300
                                       諸 資 産・負 債
【連結修正】
  （借）子 会 社 株 式    200   （貸）子会社株式評価損    200
  （借）貸 倒 引 当 金    100   （貸）貸倒引当金繰入額    100
【連結財務諸表】
  （借）損        失    300   （貸）子   会   社    300
                                       諸 資 産・負 債
```

3. 連結損益計算書上の見え方

減損処理前＋引当金設定前		減損処理後＋貸倒引当金設定後		
【個別・連結財務諸表】		【親会社個別財務諸表】		【連結財務諸表】
営業利益	0	営業利益	0	営業利益	▲300
経常利益	0	経常利益	0	経常利益	▲300
特別利益	0	特別利益	0	特別利益	0
特別損失	0	特別損失	300	特別損失	0
➡		関係会社株式評価損	200		
		貸倒引当金繰入額	100		
税引前利益	0	税引前利益	▲300	税引前利益	▲300

　上記のとおり，親会社の個別損益計算書上は，子会社株式の減損処理と貸倒引当金の設定の影響が反映されます。連結損益計算書上，それらは消去されますが，一方で子会社が計上した損失がそのまま取り込まれるため，結果として税引前損益に与える影響は連単で一致しています（これは，子会社の当期発生分の損失にのみ着目しているためです）。

　つまり，このケースでは，連単ともに実質的な債務超過見合いの金額を損失として取り込んでおり，親会社の個別損益計算書上はそれが減損処理と貸倒引当金の設定の形で見える一方，連結損益計算書上はそれらの処理の原因である子会社の損失がそのまま見える，という見え方の差があるのみということです。

4．連結貸借対照表上の見え方

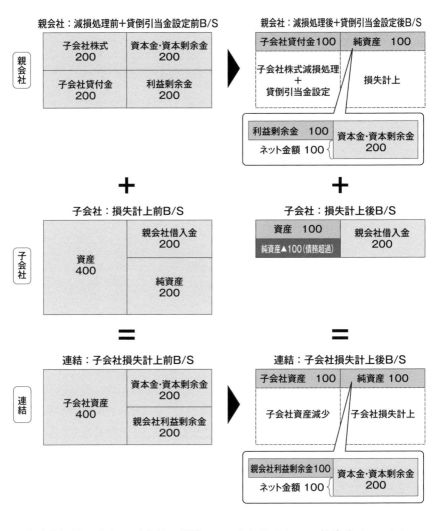

　連結貸借対照表上は子会社の損失300が取り込まれて，純資産は400から100まで減少しています。

　これに合わせて，親会社の個別財務諸表上で子会社株式の減損処理と貸倒引当金の設定を行い，子会社が計上した損失を間接的に取り込むことで，親会社の個別財務諸表が連結財務諸表に「追いつく」形になっていることが確認でき

ます（純資産はともに100で連単差なし）。

5．将来の財務数値への影響

　将来において子会社の業績が回復した場合，親会社が個別財務諸表上で計上した子会社株式の減損処理（評価損）を戻すことはできません（**ケース40**参照）。しかしながら，貸倒引当金については子会社の業績回復に合わせて戻入することができ，この場合には親会社の個別財務諸表上で利益（貸倒引当金戻入額）が計上されます（**ケース7**参照）。

　連結財務諸表上は，子会社の業績回復が子会社の利益計上という形でそのまま取り込まれるため（**ケース82**参照），単純にいうと，親会社の個別財務諸表上で貸倒引当金を設定した部分に限っては，子会社の業績回復は連単とも同じように利益に影響することになります。

ケース88	子会社に対する債務保証損失引当金を設定する

　例えば：子会社の業績悪化に伴い，子会社の借入金に対する債務保証に債務保証損失引当金を設定する

1．概　要

⑴　個別財務諸表

　個別財務諸表上，親会社が子会社に対する債務保証損失引当金を設定するケースがありますが，これは，子会社が債務超過になっている場合が多いと考えられます。このようなケースでは，子会社に対する貸付金等の債権があれば，貸倒引当金を設定しますが（**ケース87**参照），債権を有していない場合でも，その子会社の借入金等に債務保証しているときには，債務保証損失引当金の設定が必要になります。つまり，親会社が子会社の債務超過額に責任を負う場合，何らかの形で，引当金を設定することになります。

⑵　連結財務諸表

　個別財務諸表上，親会社が子会社の実質債務超過見合いの金額に対して，債務保証損失引当金を設定している場合，連結財務諸表上はその子会社の財務諸表を合算することで債務超過金額が自動的に取り込まれるため，基本的には連

結修正で債務保証損失引当金を取り崩すことになると考えられます。ロジック
は親子ローンに対して貸倒引当金を設定する場合（**ケース87**参照）と同様です。

2. 仕訳イメージ

100％子会社が300の損失計上により100の債務超過に陥ったことを受けて，
親会社が子会社株式200を全額減損処理し，さらに債務保証損失引当金100を設
定する場合の仕訳イメージは以下のとおりです。

【親会社個別財務諸表】					
（借） 子会社株式評価損	200	（貸）	子 会 社 株 式	200
（借） 債務保証損失 引当金繰入額	100	（貸）	債務保証損失 引 当 金	100
【子会社個別財務諸表】					
（借） 損　　　失	300	（貸）	子 会 社 諸資産・負債	300
【連結修正】					
（借） 子 会 社 株 式	200	（貸）	子会社株式評価損	200
（借） 債務保証損失 引 当 金	100	（貸）	債務保証損失 引当金繰入額	100
【連結財務諸表】					
（借） 損　　　失	300	（貸）	子 会 社 諸資産・負債	300

3. 連結損益計算書上の見え方

減損処理＋引当金設定前		減損処理＋債務保証損失引当金設定後			
【個別・連結財務諸表】		【親会社個別財務諸表】		【連結財務諸表】	
営業利益	0	営業利益	0	営業利益	▲300
経常利益	0	経常利益	0	経常利益	▲300
特別利益	0	特別利益	0	特別利益	0
特別損失	0	特別損失	300	特別損失	0
		関係会社株式評価損	200		
		債務保証損失引当金繰入額	100		
税引前利益	0	税引前利益	▲300	税引前利益	▲300

連結損益計算書上の見え方は，基本的に親子ローンに対して貸倒引当金を設
定する場合（**ケース87**参照）と同様です。

4．連結貸借対照表上の見え方

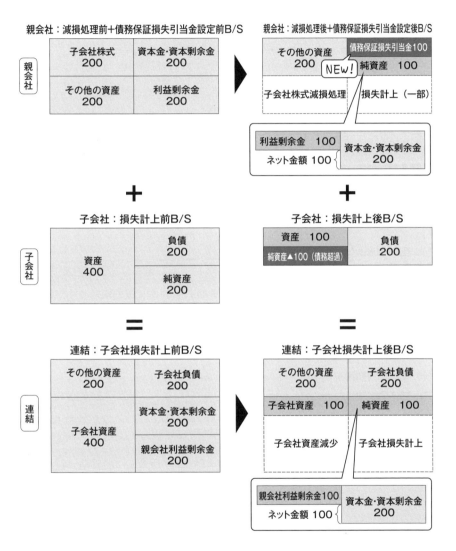

　連結貸借対照表上の影響でみると，親子ローンに対して貸倒引当金を設定する場合（**ケース87**参照）とほぼ同じであり，端的には親子会社間の債権債務があるかないかだけの違いといえます。

5. 将来の財務数値への影響

　貸倒引当金と同様，債務保証損失引当金についても，子会社の業績回復に合わせて戻入することができるため，将来の財務数値への影響についても，親子ローンに対して貸倒引当金を設定する場合（**ケース87**参照）と基本的に同様になります。

ケース89	海外子会社所在地国の為替レートが変動する

　例えば：海外子会社への出資後に，子会社所在地国の為替レートが変動し，為替の含み損益が発生する

1. 概　要

(1) 個別財務諸表

　海外子会社所在地国の為替レートが変動しても，親会社の個別財務諸表上，子会社株式は影響を受けず，円建ての出資額でそのまま残り続けます（減損処理が行われない前提）。これは，子会社が海外子会社であっても，子会社株式は取得原価（円建ての出資額）をもって貸借対照表価額とされるためです。

(2) 連結財務諸表

　海外子会社については，連結財務諸表の作成にあたって，その外貨建財務諸表を円換算する必要があります。この場合，海外子会社の貸借対照表項目のうち，資産及び負債は決算日レートで換算する一方，資本（純資産）は株式取得時（または資本項目の発生時）の為替レートで換算します（収益及び費用については，原則として期中平均相場）。そして，換算によって生じた換算差額については，純資産の部に「為替換算調整勘定」として計上することになります。

　この為替換算調整勘定の意味合いとしては，海外子会社に対する投資から発生した未実現の為替差損益と考えることができます。為替換算調整勘定の増減は「その他の包括利益」（Ⅱ2.（p.14）参照）として連結包括利益計算書に計上され，その残高は「その他の包括利益累計額」として連結貸借対照表の純資産に含まれます。

　したがって，単純にいうと，海外子会社所在地国の為替レートが変動した場

合，海外子会社の資産及び負債の円換算額が変動し（収益及び費用についても同様），純資産の部で為替換算調整勘定が発生する（または変動する）形になります。

2．仕訳イメージ

　海外子会社について，(1)円安になって為替換算調整勘定が貸方に100発生する場合（純資産にプラス），及び(2)円高になって為替換算調整勘定が借方に100発生する場合（純資産からマイナス），それぞれの仕訳イメージは以下のとおりです。

【連結修正＝連結財務諸表　(1)円安の場合】
　　（借）子会社諸資産・負債　　　100　　（貸）為替換算調整勘定　　　100

【連結修正＝連結財務諸表　(2)円高の場合】
　　（借）為替換算調整勘定　　　100　　（貸）子会社諸資産・負債　　　100

3．連結損益計算書上の見え方

　為替換算調整勘定の発生や増減は，連結損益計算書には影響しません（連結包括利益計算書において，その他の包括利益に影響するのみです）。

　ただし，そもそも海外子会社の外貨建損益計算書は，原則として期中平均相場による円換算後に合算されるので，その外貨建損益計算書の円換算額は当然ながら為替レート変動の影響を受けます。端的には，円安になれば，円換算額のボリュームが大きくなり（利益でも損失でも），逆に円高になれば，円換算額のボリュームが小さくなるということです。

4．連結貸借対照表上の見え方

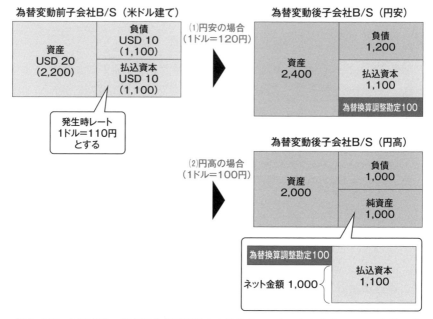

（注）上記の円換算後の海外子会社財務諸表を連結することになります。なお，海外子会社に非支配株主がいる場合，非支配株主に帰属する部分は「非支配株主持分」に含めて計上されるため，親会社帰属部分だけが為替換算調整勘定として表示されます。

　上図において，(1)円安になった場合には決算日レートで換算される海外子会社の外貨建資産（－負債）の円換算額が大きくなる一方，払込資本は発生時レート換算で動かないので，貸借対照表をバランスさせるために（純資産の構成要素としての）為替換算調整勘定はプラス方向に動きます。これは，海外資産に為替の含み益が発生したということを意味します。

　一方，(2)為替レートが円高になった場合には全く逆の影響であり，為替換算調整勘定はマイナス方向に動きます。これは，海外資産に為替の含み損が発生したということを意味します。

5．将来の財務数値への影響

　為替換算調整勘定は未実現の為替差損益なので，裏返すとそれはいつか実現します。具体的には，海外子会社を売却または清算したときに，「その他の包

括利益」から連結損益計算書の「当期純利益」に流れて，利益剰余金に直接影響することになります（組替調整額。Ⅱ2.（p.14）参照）。

| ケース90 | 非連結子会社の重要性が増したので新たに連結する |

例えば：既存の非連結子会社について，事業規模の拡大に伴って新たに連結の範囲に含める

1．概　要

　親会社はすべての子会社を連結するとは限らず，重要性の観点から，一部の子会社を連結しないケースもあります。このように，親会社が重要性の観点から子会社を連結していない場合，連結貸借対照表上，その子会社への投資は「子会社株式」として表示されます（持分法も適用しない前提で，親会社の個別財務諸表と同様の会計処理）。

　一方，子会社の業績が大きく変動するなどして，従来非連結子会社として取り扱っていた子会社の重要性が高まった場合には，新たに連結子会社として取り扱う場合があります。このように非連結子会社から連結子会社となった場合，連結財務諸表上，従来「子会社株式」であったものが，ちょうど「子会社の資産・負債」に置き換わります。これは通常の連結プロセスと同様です（**ケース73参照**）。

　ただし，既存の会社を買収して連結子会社化する場合とは異なり，その子会社に対する支配は過去から継続しているため，新たに連結子会社になった子会社の期首剰余金等については，連結財務諸表上も剰余金等として取り込む必要があります（**ケース82参照**）。逆にいうと，投資とは相殺消去しないということです。しかしながら，その剰余金等を損益計算書を通して取り込むこともできないため，形としては，連結株主資本等変動計算書において取り込むことになります（「連結範囲の変動に伴う子会社剰余金の増加高」等の表示）。

　また，連結損益計算書の視点では，子会社が連結されていない場合，その子会社から配当を受け取ったタイミングで，「受取配当金」として収益を計上しますが（つまり，親会社の個別財務諸表と同様），子会社の重要性が増して連結子会社となった場合，その「受取配当金」が「子会社の損益」に置き換わります。

　これにより，端的には，子会社の損益計算書がそのまま合算されることになるため，1つには段階損益の区分が変わります。すなわち，受取配当金は営業外収益ですが，子会社の損益計算書が合算されると，子会社の売上高の段階から連結損益計算書に反映されることになります（**ケース84**参照）。もう1つは，配当を待たずに子会社の損益が連結損益計算書に反映されるので，損益取込タイミングも早くなります。

2．仕訳イメージ

　自社が設立した100％子会社（資産300，払込資本200，利益剰余金100。親会社における出資額200）について，重要性が増したため，新たに連結する場合の仕訳イメージは以下のとおりです（子会社の損益取込みについては無視します）。

```
【子会社財務諸表の合算】
 （借）子 会 社        300  （貸）払 込 資 本      200
       諸資産・負債
                             利 益 剰 余 金      100
【連結修正】
 （借）子会社払込資本    200  （貸）子 会 社 株 式    200
【連結財務諸表】
 （借）子 会 社        300  （貸）利益剰余金（連    100
       諸資産・負債               結範囲の変動に
                               伴う子会社剰余
                               金 の 増 加 高）
                             子 会 社 株 式      200
```

　【連結財務諸表】の仕訳は，単純にいうと，子会社の貸借対照表が連結貸借対照表に入ってくる代わりに，親会社における子会社株式が消えることを意味しています。これは通常の連結プロセスと同様です（**ケース73**参照）。特殊なのは，新たに連結貸借対照表に入ってくる利益剰余金が存在することであり，この部分は連結株主資本等変動計算書を経由して，連結貸借対照表に取り込まれることになります。

3．連結損益計算書上の見え方

　子会社の損益計算書が新たに連結されることになるので，基本的には連結売

上高に始まり，連結損益計算書上の各損益項目が影響を受けます。代わりに子会社からの配当は消去されるため，ちょうど受取配当金が（子会社の）各段階損益に置き換わる形になります（**ケース84**参照）。

４．連結貸借対照表上の見え方

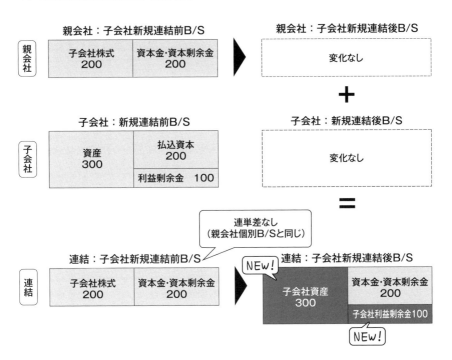

　実態には何らの変化もないものの，連結貸借対照表上は一定の動きが見え，具体的には，子会社株式200が「子会社資産300－利益剰余金100」に置き換わっています。

③ グループ内取引・再編

| ケース91 | 子会社に資産を譲渡する |

例えば：通常の営業取引の一環で販売子会社に製品を販売する，または製造子会社に設備を譲渡する

1. 概　要

(1) 個別財務諸表

親会社が子会社に資産を譲渡するケースとして，販売子会社に製品を販売したり，製造子会社に設備を譲渡したりするケースがあります。このように棚卸資産，固定資産その他の資産を子会社へ譲渡した場合，親会社の個別財務諸表は基本的に資産の譲渡損益（売却損益）が計上されます。

(2) 連結財務諸表

連結財務諸表上，グループ内（連結会社相互間）の取引によって取得した棚卸資産，固定資産その他の資産に含まれる未実現損益は，基本的にその全額が消去されます。

すなわち，期末においてグループ会社から仕入れた棚卸資産や購入した固定資産等が残高として残っている場合，販売した側の個別財務諸表上で計上された損益は内部取引により生じたものであり，連結財務諸表上は実現していないものと整理されます（「未実現損益」）。

親会社が子会社に固定資産（帳簿価額100）を200で売却し，期末時点で子会社がそれを保有しているケースを考えてみると，親会社の未実現利益（内部利益）100は連結損益計算書を通じて消去する必要があります。これは，連結貸借対照表上は利益剰余金のマイナスという形で表れます。

一方，子会社が保有する固定資産残高もその未実現利益分だけ膨らんでいるため，これも調整の必要があります。図表91でいうと，子会社の個別貸借対照表上の残高は200ですが，そのうち親会社の未実現利益（内部利益）部分の100を消去して，親会社の当初の個別貸借対照表上の残高100に戻すということで

す。

　結果として，連結貸借対照表で見ると，固定資産と純資産（のうち利益剰余金）が同額減額されることになります（下記4．参照。ただし，実際には税効果も考慮する必要があります）。

【図表91】未実現利益のイメージ

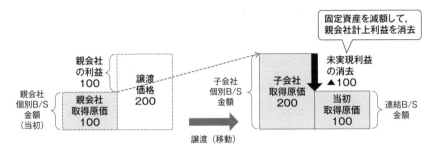

2．仕訳イメージ

　親会社が子会社に固定資産（帳簿価額100）を200で売却する場合の仕訳イメージは以下のとおりです（税効果及び固定資産の減価償却は無視します）。

```
【親会社個別財務諸表】
　（借）未 収 入 金　　200　（貸）固 定 資 産　　100
　　　　　　　　　　　　　　　　固定資産売却益　　100
【子会社個別財務諸表】
　（借）固 定 資 産　　200　（貸）未 払 金　　200
【連結修正】
　（借）固定資産売却益　100　（貸）固 定 資 産　　100
　（借）未 払 金　　200　（貸）未 収 入 金　　200
【連結財務諸表】
　（仕訳なし）
```

3．連結損益計算書上の見え方

固定資産譲渡前		固定資産譲渡後			
【個別・連結財務諸表】		【親会社個別財務諸表】		【連結財務諸表】	
経常利益	0	経常利益	0	経常利益	0
特別利益	0	特別利益	100	特別利益	0
		固定資産売却益	100		
特別損失	0	特別損失	0	特別損失	0
税引前利益	0	税引前利益	100	税引前利益	0

　上記のとおり，グループ内の譲渡の時点では，連結損益計算書に影響はありません。

4．連結貸借対照表上の見え方

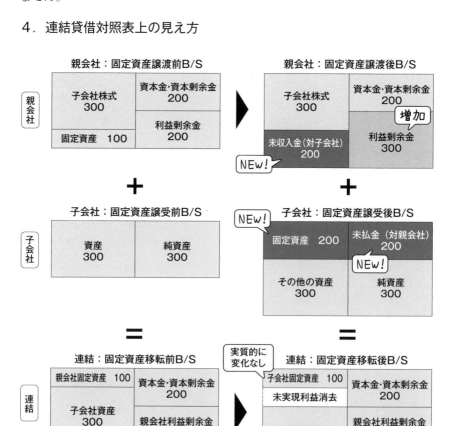

　連結貸借対照表でみると，固定資産の所有者が変わるのみで，上図のとおり実質的な影響はありません。また，譲渡取引により発生したグループ内の債権・債務（未収入金・未払金）も消去されています。

5．将来の財務数値への影響

　連結財務諸表上で譲渡損益が実現するのは，資産がグループ外に出るタイミング，言い換えると，取得側がそれを外部に販売・譲渡するタイミングです。上記の例では，子会社が親会社から譲り受けた固定資産を外部に譲渡すれば，そのときに親会社の未実現利益（100）も実現します。

　また，詳細は割愛しますが，固定資産のうち減価償却資産については，取得側（上記の例では子会社）の減価償却に伴って，未実現利益も徐々に実現していきます。

ケース92	子会社を吸収合併する

例えば：子会社を吸収合併し，子会社の事業を親会社内に取り込む

1．概　　要

(1)　個別財務諸表

　事業再編の一環として，親会社が子会社を吸収合併するケースがあります。この場合，合併法人である親会社は個別財務諸表上で，被合併法人である子会社から資産及び負債を受け入れますが，これらの資産及び負債は合併期日の前日に付された適正な帳簿価額により計上します^(注)。

（注）ただし，子会社の資産及び負債の帳簿価額を連結財務諸表上で修正しているときは，個別財務諸表と連結財務諸表との整合性を確保するため，親会社が作成する個別財務諸表においても，連結財務諸表上の金額である修正後の帳簿価額により子会社の資産及び負債を受け入れます。具体的には，個別財務諸表上の適正な帳簿価額に，①資本連結に伴う時価評価，②「のれん」の未償却残高，③未実現損益等を調整することになります。

　また，合併法人である親会社は，「被合併法人である子会社から受け入れた資産と負債との差額（のうち，親会社持分相当額)」と，「合併直前に保有していた子会社株式（抱合せ株式）の適正な帳簿価額」を相殺し，その差額を特別損益（抱合せ株式消滅差損益）として計上します。

　直感に反するかもしれませんが，100％子会社を合併した場合であっても，

個別財務諸表上は損益が計上されるということです（抱合せ株式消滅差損益の意味合いについては，下記２．参照）。

(2) **連結財務諸表**

　合併後も親会社が連結財務諸表を作成することが前提になりますが，親会社が子会社を吸収合併する取引は「共通支配下の取引」に該当し，連結財務諸表上は基本的に内部取引として消去されます。

２．仕訳イメージ

　100％子会社（純資産300＝資産500－負債200，親会社の投資簿価200，「のれん」なし）を吸収合併する場合の仕訳イメージは以下のとおりです。

```
【親会社個別財務諸表】
  （借）（子会社）諸資産    500   （貸）（子会社）諸負債     200
                                子 会 社 株 式        200
                                抱合せ株式消滅        100
                                差    損    益
【連結修正】
  （借）抱合せ株式消滅    100   （貸）利 益 剰 余 金     100
        差    損    益              （実質的に仕訳なし）
【連結財務諸表】
  （仕訳なし）
```

（注）子会社に非支配株主がいる場合，非支配株主持分相当額については，非支配株主に交付した親会社株式の時価（取得の対価）との差額がその他資本剰余金として計上されます。

　上記【親会社個別財務諸表】の仕訳のとおり，親会社が子会社を吸収合併する場合，親会社は，子会社への投資（子会社株式）を現物（子会社の資産及び負債）により回収する形になっています。その意味で，抱合せ株式消滅差損益は，投資成果の受入れに伴う損益と解釈することができます。

　つまり，上記仕訳では，「子会社への投資」200を「子会社の資産及び負債（ネット）」300で回収し，投資成果100を差益として認識しているということです。

　ただし，親会社の個別財務諸表上の抱合せ株式消滅差損益は，連結財務諸表上では消去されます。この部分は，連結財務諸表上は（子会社の損益として）過年度に認識済みの損益であるためです。

3．連結損益計算書上の見え方

子会社吸収合併前		子会社吸収合併後			
【個別・連結財務諸表】		【親会社個別財務諸表】		【連結財務諸表】	
経常利益	0	経常利益	0	経常利益	0
特別利益	0	特別利益	100	特別利益	0
		抱合せ株式消滅差益	100		
特別損失	0	特別損失	0	特別損失	0
税引前利益	0	税引前利益	100	税引前利益	0

　上記のとおり，連結損益計算書においては，影響はありません。繰り返しに
なりますが，個別損益計算書上の抱合せ株式消滅差損益は，連結財務諸表上は
（子会社の損益として）過年度に認識済みの損益であるためです。

4．連結貸借対照表上の見え方

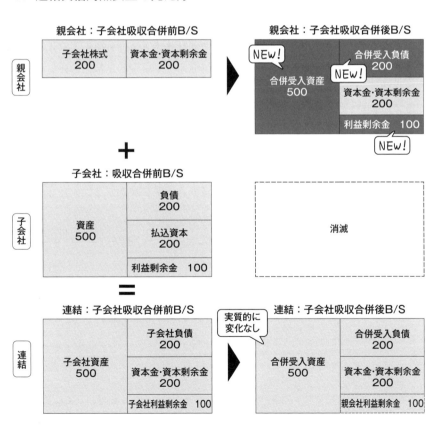

連結貸借対照表上は，資産・負債の帰属が子会社から親会社に変更され，それと同時に，もともと子会社に帰属していた利益剰余金も（「抱合せ株式消滅差損益」を通じて）親会社に付け替わる形にはなりますが，実質的には何らの影響もありません。

ケース93 子会社に会社分割により事業を移転する

例えば：親会社の事業部門を会社分割の形態で子会社に移転し，対価として子会社株式を受け取る

1. 概　要

(1) 個別財務諸表（親会社）

事業再編の一環として，親会社が子会社に事業を移転する場合，会社分割（分社型分割）によるケースがあります。この場合，分割の対価が子会社株式のみであれば，分割法人である親会社の個別財務諸表上，分割により追加取得する子会社株式の取得原価は，移転事業に係る株主資本相当額（正確には，そこから繰延税金資産及び負債を控除したもの）に基づいて算定します。イメージ的には，移転する事業の資産及び負債を子会社株式に付け替えるだけなので，会社分割により移転損益は生じません。

(2) 個別財務諸表（子会社）

分割承継法人である子会社の個別財務諸表上，親会社から受け入れる資産及び負債は，会社分割の効力発生日直前の適正な帳簿価額によります。また，子会社において増加する資本は，払込資本とし，その内訳は会社法の規定に基づき決定します。

(3) 連結財務諸表

親会社が子会社に会社分割（分社型分割）により事業を移転する取引は，連結財務諸表上は基本的に内部取引として消去されます。

2. 仕訳イメージ

100％子会社に対して，会社分割（分社型分割）により資産200及び負債100

を移転し、対価として子会社株式を受け取る場合の仕訳イメージは以下のとおりです。

```
【親会社個別財務諸表】
　（借）移 転 諸 負 債　　100　　（貸）移 転 諸 資 産　　200
　　　　子 会 社 株 式　　100
【子会社個別財務諸表】
　（借）移 転 諸 資 産　　200　　（貸）移 転 諸 負 債　　100
　　　　　　　　　　　　　　　　　　　　払 込 資 本　　100
【連結修正】
　（借）子会社払込資本　　100　　（貸）子 会 社 株 式　　100
【連結財務諸表】
　（仕訳なし）
```

3．連結損益計算書上の見え方

　影響なし。

4．連結貸借対照表上の見え方

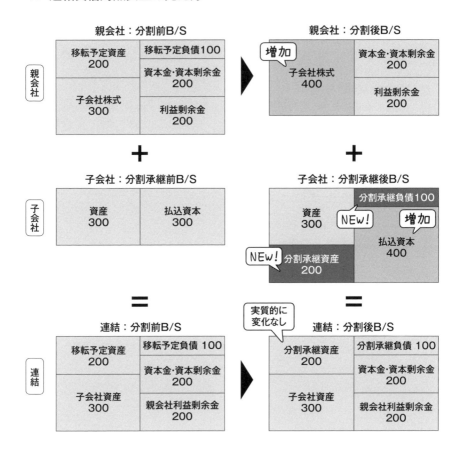

　連結貸借対照表上は，資産・負債の帰属が親会社から子会社に変更されるのみで，実質的な影響はありません。

ケース94	子会社同士を合併させる

例えば：事業の効率性の観点から，子会社Ａ社と子会社Ｂ社を合併させる

1．概　要

⑴　個別財務諸表（親会社）

　事業再編の一環として，親会社が子会社同士を合併させるケースがあります。この場合，親会社の個別財務諸表においては，再編当事者の株主という立場で会計処理を行います。

　具体的には，子会社（Ａ社）が別の子会社（Ｂ社）を吸収合併する場合，合併対価が株式である通常の吸収合併を前提とすると，親会社が受け取った存続会社（Ａ社）の株式の取得原価は，引き換えられた消滅会社（Ｂ社）の株式に係る企業結合日直前の適正な帳簿価額に基づいて計上することとなります。単純にいうと，親会社は旧Ｂ社株式の帳簿価額をＡ社株式の帳簿価額として付け替えるだけであり，交換損益あるいは旧Ｂ社株式の譲渡損益のようなものは認識されないと考えられます。

⑵　個別財務諸表（子会社）

　再編当事者である子会社の個別財務諸表上の取扱いについては，子会社同士の合併ということで，存続会社は消滅会社の適正な帳簿価額により資産及び負債を受け入れます。

　また，存続会社において増加する株主資本の会計処理については，原則として，払込資本を増加させますが（内訳は会社法の規定に基づき決定），消滅会社の株主資本をそのまま引き継ぐ方法も容認されています。

⑶　連結財務諸表

　子会社同士の合併は，「共通支配下の取引」に該当し，連結財務諸表上は基本的に内部取引として消去されます。

2．仕訳イメージ

100％子会社Ａ社が100％子会社Ｂ社（資産＝純資産＝親会社の投資簿価＝200）を吸収合併する場合の仕訳イメージは以下のとおりです（子会社Ａ社では払込資本を増加させるものと仮定します）。

```
【親会社個別財務諸表】
  （借）子会社株式      200    （貸）子会社株式      200
      （ Ａ 社 ）                （ Ｂ 社 ）
【子会社Ａ社財務諸表】
  （借）Ｂ社諸資産      200    （貸）払 込 資 本     200
【連結修正】
  （借）Ａ社払込資本    200    （貸）子会社株式      200
                                   （ Ａ 社 ）
【連結財務諸表】
  （仕訳なし）
```

（注）吸収合併により影響を受ける部分のみの仕訳を示しています。

3．連結損益計算書上の見え方

影響なし。

4．連結貸借対照表上の見え方

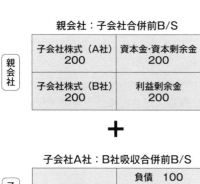

親会社：子会社合併前B/S

子会社株式（A社） 200	資本金・資本剰余金 200
子会社株式（B社） 200	利益剰余金 200

（親会社）

親会社：子会社合併後B/S

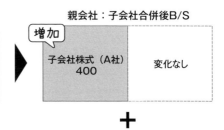

増加 子会社株式（A社） 400	変化なし

＋

＋

子会社A社：B社吸収合併前B/S

資産 300	負債　100
	払込資本 200

（子会社）

子会社A社：B社吸収合併後B/S

増加 資産 500	負債　100
	増加 払込資本 400

＋

子会社B社：合併前B/S

資産 200	払込資本 200

（子会社）

消滅

＝

＝

連結：子会社合併前B/S

子会社資産 500	子会社負債　100
	資本金・資本剰余金 200
	親会社利益剰余金 200

（連結）

変化なし

4 子会社の売却・清算

ケース95	子会社株式を全部売却する

例えば：子会社の事業分野からの撤退に際し，子会社株式を全部売却して資本関係を解消する

1．概　要

(1) 個別財務諸表

　親会社が特定の事業分野から撤退する場合など，子会社株式を全部売却するケースがあります。この場合，親会社の個別財務諸表上は，基本的に子会社株式の売却処理を行う（売却損益を認識する）だけとなります。

(2) 連結財務諸表

　子会社株式を全部売却する場合，連結損益計算書上も子会社株式の売却損益が認識されますが，その金額は親会社の個別財務諸表に計上される金額とは異なります。

　すなわち，個別財務諸表上で計上した子会社株式売却損益を，以下の算式で連結財務諸表上のあるべき売却損益に修正する必要があります(注)。

連結財務諸表上の売却損益
＝個別財務諸表上の売却損益－①取得後利益剰余金＋②「のれん」償却累計額

　この調整は，端的には，親会社の個別財務諸表上の売却損益のうち，連結財務諸表上はすでに認識されていた損益部分を除外するものです。

　具体的には，①取得後利益剰余金（のうち親会社持分）は，連結財務諸表上は過去に子会社の利益として取込済みであるため（**ケース82**参照），二重計上とならないよう，個別財務諸表上の売却損益から控除します。また，②「のれん」償却累計額は，連結財務諸表上は過去に費用として認識済みであるため（**ケース83**参照），同様の趣旨で，売却損益に足し戻すことになります。

　実際にはその他の調整も必要になる可能性があるため，簡単に連結財務諸表上の子会社株式売却損益を算定できるわけではありませんが，「個別財務諸表上の子会社株式売却損益とは金額が異なる」という認識を持っておくことが何より重要と考えられます。

（注）別の言い方をすると，子会社への投資については，個別財務諸表上の帳簿価額（「個別上の簿価」）と連結財務諸表上の帳簿価額（「連結上の簿価」）が乖離しており，「連結上の簿価＝個別上の簿価＋取得後利益剰余金－のれん償却累計額」の関係にあります。また，正確ではないですが，連結上の簿価は，「子会社純資産（のうち親会社持分）＋のれん」でも計算できます。
　　　子会社への投資時（支配獲得時）は，「個別上の簿価＝連結上の簿価」ですが，子会社が利益を計上すると，連結上の簿価だけが大きくなっていきます。そのため，収益性の高い子会社などは，連結上の簿価が大きくなり，売却時に売却損が計上されやすくなります（この点は，上記の連結財務諸表上の売却損益の算定式でも確認できます）。

2. 仕訳イメージ

　過去に買収した100％子会社（純資産400＝払込資本200＋利益剰余金200）への投資（個別財務諸表上の帳簿価額400，連結財務諸表上の「のれん」200）のすべてを800で売却する場合の仕訳イメージは以下のとおりです（子会社の利益剰余金はすべて取得後利益剰余金と仮定し，過去における「のれん」の償却と税金費用は無視します）。

【親会社個別財務諸表】
　（借）現 金 及 び 預 金　　800　　（貸）子 会 社 株 式　　400
　　　　　　　　　　　　　　　　　　　　　 子会社株式売却益　　400
【連結修正】
　（借）子 会 社 株 式　　400　　（貸）子 会 社 純 資 産　　400
　　　　 子会社株式売却益　　200　　　　 の　 れ　 ん　　200
【連結財務諸表】
　（借）現 金 及 び 預 金　　800　　（貸）子 　会 　社　　400
　　　　　　　　　　　　　　　　　　　　 諸 資 産・負 債
　　　　　　　　　　　　　　　　　　　　 の　 れ　 ん　　200
　　　　　　　　　　　　　　　　　　　　 子会社株式売却益　　200

　上記【連結財務諸表】の仕訳を見ると，ちょうど800のキャッシュを対価として，「子会社の資産及び負債の純額400＋「のれん」200（＝合計600）」を売却した形になっています。したがって，結果として，連結損益計算書上の売却

益は200になります。

3. 連結損益計算書上の見え方

子会社株式全部売却前		子会社株式全部売却後			
【個別・連結財務諸表】		【親会社個別財務諸表】		【連結財務諸表】	
経常利益	0	経常利益	0	経常利益	0
特別利益	0	特別利益	400	特別利益	200
		関係会社株式売却益	400	関係会社株式売却益	200
特別損失	0	特別損失	0	特別損失	0
税引前利益	0	税引前利益	400	税引前利益	200

　連結財務諸表上は，子会社の利益剰余金200（上記２．の仮定より，その全額が取得後利益剰余金）は過去に子会社の利益として取込済みです。そのため，上記のとおり，連結損益計算書上の売却益200は，個別損益計算書上の売却益400よりも，その分だけ小さくなっています。

4．連結貸借対照表上の見え方

親会社：子会社株式全部売却前B/S　　　親会社：子会社株式全部売却後B/S

子会社：全部売却前B/S

すでに
子会社ではない

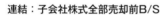

連結：子会社株式全部売却前B/S　　　連結：子会社株式全部売却後B/S

284

5．将来の財務数値への影響

　親会社が子会社の全株式を売却した場合，その子会社の貸借対照表は連結財務諸表から除外され，損益計算書も対応する期間のみが取り込まれます。当然ながら，売却後は旧子会社の業績は財務数値に影響しません。ある意味，売却損益の形で子会社の将来損益をすべて取り込んでいることになります。

ケース96	子会社株式を一部売却するが，支配関係は継続する

**　例えば：他の企業による子会社への資本参加を受け入れる過程で，子会社株式を一部売却する**

1．概　要

(1)　個別財務諸表

　他の企業による子会社への資本参加を受け入れる場合など，親会社が子会社株式を一部売却するケースがあります。この場合の親会社の個別財務諸表上の取扱いは，全部売却の場合（**ケース95参照**）と同様であり，子会社株式の売却損益を認識します。

(2)　連結財務諸表

　子会社株式を一部売却した場合で，親会社と子会社の支配関係が継続しているときには，売却した株式に対応する持分を親会社持分から減額し，非支配株主持分を増額します（ちょうど子会社株式の追加取得の場合の逆の処理です。**ケース78参照**）。そして，売却持分と売却価額との間に生じた差額は，子会社株式の売却損益ではなく，「資本剰余金」として処理します^(注)。

（注）個別財務諸表においては，子会社株式の一部売却に伴って税金費用が計上されていますが，連結財務諸表上は，子会社株式の一部売却に関連する法人税等（子会社への投資に係る税効果の調整を含む）は，資本剰余金から控除することとされています。

　実際の会計処理は複雑になるのですが，少し整理すると，まず前提として，投資の一部売却取引を構成する項目には，①売却直前の親会社の個別貸借対照表上の投資簿価，②売却直前の子会社への投資の連結貸借対照表上の価額，及び③投資の売却価額があります。

　個別財務諸表上は，③と①の差額について，子会社株式の売却損益が計上されます。

　連結財務諸表上は，このうち，②と①の差額については，全部売却の場合（**ケース95**参照）と同様に取り消すことになります。一方，投資の一部売却後も親会社と子会社の支配関係が継続している場合，③と②の差額は資本剰余金に計上するというのが上記の取扱いの内容です（図表96参照）。

【図表96】子会社株式の一部売却（支配が継続する場合）

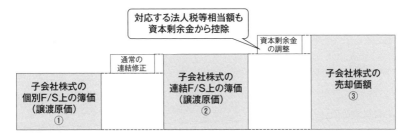

２．仕訳イメージ

　過去に買収した100％子会社（純資産400＝払込資本200＋利益剰余金200）への投資（個別財務諸表上の帳簿価額400，連結財務諸表上の「のれん」200）について，その50％部分を400で売却したものの，支配が継続するものとして引き続き連結する場合の仕訳イメージは以下のとおりです（子会社の利益剰余金はすべて取得後利益剰余金と仮定し，過去における「のれん」の償却と税金費用は無視します）。

【親会社個別財務諸表】					
（借）現 金 及 び 預 金	400	（貸）子 会 社 株 式	200
		子会社株式売却益	200
【連結修正】			
（借）子 会 社 株 式	200	（貸）非支配株主持分	200
子会社株式売却益	200	の れ ん	100
		資 本 剰 余 金	100
【連結財務諸表】			
（借）現 金 及 び 預 金	400	（貸）非支配株主持分	200
		の れ ん	100
		資 本 剰 余 金	100

　前掲の図表96との対応でいうと，売却した50％部分について，①個別財務諸表上の簿価：200，②連結財務諸表上の簿価：300（＝個別財務諸表上の簿価200＋取得後利益剰余金100）及び③投資の売却価額：400となります。

　上記【連結修正】の仕訳のとおり，連結財務諸表上，個別損益計算書上の子会社株式の売却損益（③と①の差額）200のうち，②と①の差額100は取り消され，③と②の差額100は資本剰余金に振り替えられます。したがって，【連結財務諸表】の仕訳では，売却損益は計上されておらず，一方で資本剰余金が100増加しています。

3．連結損益計算書上の見え方

子会社株式一部売却前		子会社株式一部売却後			
【個別・連結財務諸表】		【親会社個別財務諸表】		【連結財務諸表】	
経常利益	0	経常利益	0	経常利益	0
特別利益	0	特別利益	200	特別利益	0
		関係会社株式売却益	200		
特別損失	0	特別損失	0	特別損失	0
税引前利益	0	税引前利益	200	税引前利益	0

　子会社株式の一部売却の場合，支配関係が継続していれば，連結損益計算書上，売却損益の計上はなく，損益影響はありません。

4．連結貸借対照表上の見え方

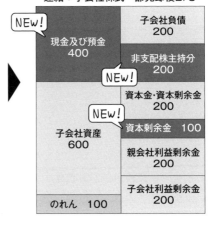

5．将来の財務数値への影響

　子会社株式の一部売却後は，子会社の利益のうち，親会社に帰属する利益が減少し，非支配株主に帰属する利益が増加します。

　なお，将来において子会社株式を全部売却した場合の取扱いについては，**ケース95**をご参照ください。

ケース97	子会社を清算する

例えば：子会社の事業分野からの撤退を意思決定し，子会社を清算する

1．概　要

(1)　個別財務諸表

　親会社が特定の事業分野から撤退する場合など，子会社を清算するケースがあります。親会社が子会社の解散を意思決定した場合，子会社の財務状況によって，親会社の個別財務諸表への影響が変わってきます。

　子会社に利益剰余金が十分にある場合，言い換えると，残余財産の分配見込額が親会社における投資簿価を上回っている場合，親会社は基本的に子会社からの残余財産の分配を収益計上するのみです。

　一方，子会社の残余財産の分配見込額が親会社における投資簿価を下回っている場合には，子会社株式の減損処理の検討が必要になります（**ケース86**参照）。さらに，子会社が債務超過の場合，貸倒引当金の設定や債務保証損失引当金の設定が必要になります（**ケース87及び88**参照）。

(2)　連結財務諸表

　子会社の清算が連結財務諸表に与えるインパクトは，基本的には残余財産の分配見合いを対価として，子会社株式を売却した場合と同様になります。したがって，親会社が個別財務諸表で計上した清算に関連する損益に，取得後利益剰余金及び「のれん」償却累計額を修正要因として加味します（詳細については，**ケース95**参照）。

2．仕訳イメージ

　過去に買収した100％子会社（純資産300＝払込資本200＋利益剰余金100）を清算し，子会社への投資（個別財務諸表上の帳簿価額400，連結財務諸表上の「のれん」200）に対して，残余財産の分配300を受け取る場合の仕訳イメージは以下のとおりです（子会社の利益剰余金はすべて取得後利益剰余金とし，過去における「のれん」の償却と税金費用は無視します）。

```
【親会社個別財務諸表】
　（借）現 金 及 び 預 金　　300　（貸）子 会 社 株 式　　400
　　　　子 会 社 清 算 損　　100
【連結修正】
　（借）子 会 社 株 式　　400　（貸）子 会 社 純 資 産　　300
　　　　子 会 社 清 算 損　　100　　　　の　　れ　　ん　　200
【連結財務諸表】
　（借）現 金 及 び 預 金　　300　（貸）子 　 会 　 社
　　　　　　　　　　　　　　　　　　　　諸 資 産・負 債　　300
　　　　子 会 社 清 算 損　　200　　　　の　　れ　　ん　　200
```

3．連結損益計算書上の見え方

子会社清算前		子会社清算後			
【個別・連結財務諸表】		【親会社個別財務諸表】		【連結財務諸表】	
経常利益	0	経常利益	0	経常利益	0
特別利益	0	特別利益	0	特別利益	0
特別損失	0	特別損失	100	特別損失	200
		関係会社清算損	100	関係会社清算損	200
税引前利益	0	税引前利益	▲100	税引前利益	▲200

　上記のとおり，親会社の個別損益計算書上は，子会社株式の帳簿価額400に対して，残余財産の分配は300であるため，子会社清算損は100になります。一方，連結財務諸表上は子会社株式の帳簿価額が500（＝個別財務諸表上の帳簿価額400＋取得後利益剰余金100＝子会社純資産300＋「のれん」200）であるため，子会社清算損は200になっており，連結損益計算書のほうが清算損が大きくなっています。

　言い方を変えると，連結財務諸表上は，子会社の利益剰余金100（上記2．

の仮定より，その全額が取得後利益剰余金）は過去に子会社の利益として取込済みです。そのため，連結損益計算書上の清算損200は，その分だけ個別損益計算書上の清算損100よりも大きくなっているということです。

4．連結貸借対照表上の見え方

親会社：子会社清算前B/S

| 親
会
社 | 子会社株式
400 | 資本金・資本剰余金
200 |
| | | 利益剰余金
200 |

NEW! ▶ **親会社：子会社清算後B/S**

| | 現金及び預金
300 | 資本金・資本剰余金
200 |
| | | 利益剰余金 100 |

＋

子会社：清算前B/S

子 会 社	資産 500	負債 200
		払込資本 200
		利益剰余金 100

清算済み

＝

連結：子会社清算前B/S

連 結	子会社資産 500	子会社負債 200
		資本金・資本剰余金 200
		親会社利益剰余金 200
	のれん 200	子会社利益剰余金 100

NEW! ▶ **連結：子会社清算後B/S**

| | 現金及び預金
300 | 資本金・資本剰余金
200 |
| | | 親会社利益剰余金 100 |

⑤　関連会社への投資とその管理

| ケース98 | 関連会社を設立する，または買収により関連会社化する |

**例えば：他の企業との合弁形態で関連会社を設立する，または既存の企業を
買収して関連会社化する**

1．概　要

(1)　個別財務諸表

　企業が他の企業との合弁形態で関連会社を設立する場合，または既存の企業
を買収して関連会社化する場合，親会社（投資会社）は個別財務諸表上，「関
連会社株式」を保有することになります。関連会社株式は，子会社株式と同様,
取得原価をもって貸借対照表価額とされます。

　ここで，「関連会社」とは，子会社以外で，財務及び営業または事業の方針
の決定に対して重要な影響を与えることができる会社等をいい，端的には，他
の会社の議決権の20％以上を所有すると関連会社に該当します。

(2)　連結財務諸表

　連結財務諸表上，関連会社には基本的に持分法が適用されます。

　「持分法」とは，親会社（投資会社）が被投資会社の資本及び損益のうち投
資会社に帰属する部分の変動に応じて，その投資の額を決算日ごとに修正する
方法をいいます。

　具体的には，関連会社など，持分法が適用される会社については，その個別
財務諸表の合算や投資と資本の消去も行われないため，連結財務諸表上には持
分法適用会社に対する投資勘定（「関連会社株式」など）がそのまま残ります。
そして，持分法適用会社の損益のうち親会社（投資会社）に帰属する部分を,
その投資勘定に反映させていく形になります。

　また，特に買収による関連会社化の場合ですが，親会社（投資会社）の投資
とこれに対応する被投資会社の資本との間に差額がある場合には，その差額は
「のれん」（または「負ののれん」）となります[注]。ただし，持分法の場合,

「のれん」部分は連結財務諸表上で「のれん」として別記されるわけではなく，投資勘定（「関連会社株式」など）に含めて処理されます。

(注) 前提として，持分法の適用にあたっても，連結の場合と同様，持分法の適用日において，持分法適用会社の資産及び負債を時価により評価する必要があります。

２．仕訳イメージ

(1)関連会社の設立に伴い200を出資する場合，(2)既存の会社の持分（投資に対応する被投資会社の資本200）を300で取得して関連会社化する場合，それぞれの仕訳イメージは以下のとおりです。

(1)　関連会社を設立する場合

【親会社（投資会社）個別財務諸表＝連結財務諸表】
（借）関連会社株式　　　200　　（貸）現金及び預金　　　200

(注) 表示上は「関連会社」や「関連会社株式」ではなく，「関係会社」や「関係会社株式」とされますが，仕訳の上では，便宜上「関連会社」や「関連会社株式」とします（以下のケースの仕訳について同様）。

(2)　買収により関連会社化する場合

【親会社（投資会社）個別財務諸表＝連結財務諸表】
（借）関連会社株式　　　300　　（貸）現金及び預金　　　300

３．連結損益計算書上の見え方

影響なし。

4．連結貸借対照表上の見え方

(1)　関連会社を設立する場合

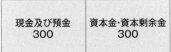

　関連会社を設立した時点では，個別貸借対照表上も連結貸借対照表上も，キャッシュが関連会社株式に振り替わるのみであり，連単差はありません。

(2)　買収により関連会社化する場合

　既存の会社を買収して関連会社化した場合でも，その時点では連単差はありません。

　なお，連結貸借対照表上，連結子会社であれば「のれん」として表示される部分100（＝投資会社の投資300－被投資会社の資本200）も「関連会社株式」の帳簿価額に含まれています。つまり，関連会社については，概念上「のれ

ん」部分があるのみということです。

5．将来の財務数値への影響

関連会社の将来の利益のうち，親会社（投資会社）の持分比率に対応する部分は，「持分法による投資損益」として連結損益計算書に反映されます。

また，(2)買収による関連会社化の場合，「のれん」は投資に含めて処理されますが，計上後20年以内の期間で定額法などにより償却され，同じく「持分法による投資損益」として表示されます。したがって，この場合，「のれん」償却額控除後の関連会社の利益（持分比率対応部分）が連結損益計算書に取り込まれていくことになります（ケース99参照）。

ケース99	関連会社が利益を計上する一方，のれんを償却する

例えば：過去に買収し，業績が好調な関連会社が利益を計上する

1．概　要

(1)　個別財務諸表

関連会社が利益を計上しても，関連会社株式の金額は影響を受けません。これは，親会社（投資会社）の個別財務諸表上，関連会社株式は取得原価をもって貸借対照表価額とされるためです。

(2)　連結財務諸表

連結財務諸表上は持分法（ケース98参照）が適用されるため，関連会社が利益を計上した時点で，その利益に持分比率を乗じた分だけ「関連会社株式」を増額し，連結損益計算書に利益を取り込みます。

また，持分法の場合，「のれん」は投資に含めて処理されますが，連結の場合と同様（ケース83参照），原則としてその計上後20年以内に，定額法その他合理的な方法により償却する必要があります（「負ののれん」についても連結の場合と同様，発生時の利益として持分法による投資損益に含めて処理されます）。

これらの影響が，営業外損益に「持分法による投資損益」として表れることになります。

2．仕訳イメージ

　関連会社が利益を計上し（親会社（投資会社）帰属部分100），「のれん」の償却額20である場合の仕訳イメージは以下のとおりです。

```
【親会社（投資会社）個別財務諸表】
　（仕訳なし）
【連結修正－関連会社の利益計上】
　（借）関連会社株式　　　100　　（貸）持分法による　　　　100
　　　　　　　　　　　　　　　　　　　　投　資　損　益
【連結修正－「のれん」の償却】
　（借）持分法による　　　 20　　（貸）関連会社株式　　　　 20
　　　　投　資　損　益
【連結財務諸表】
　（借）関連会社株式　　　 80　　（貸）持分法による　　　　 80
　　　　　　　　　　　　　　　　　　　　投　資　損　益
```

　「のれん」の償却額を超える利益80（＝100－20）が連結損益計算書に「持分法による投資損益」として取り込まれることになります。

3．連結損益計算書上の見え方

関連会社利益計上前＋ のれん償却前		関連会社利益計上後＋のれん償却後			
【個別・連結財務諸表】		【親会社個別財務諸表】		【連結財務諸表】	
営業利益	0	営業利益	0	営業利益	0
営業外収益	0	営業外収益	0	営業外収益	80
				持分法による投資利益	80
営業外費用	0	営業外費用	0	営業外費用	0
経常利益	0	経常利益	0	経常利益	80

　「持分法による投資損益」は，自社の持分比率に対応する（「のれん」償却後の）関連会社の利益という位置付けになります。したがって，その金額が大きくプラスになっていることが望ましいといえますが，逆にあまり持分法による投資利益が大きくなりすぎると，今度は「なぜ子会社化しない（できない）のか」の説明を求められる場合があります。

　持分法による投資損益については，営業外損益の区分に表示されます。これは持分法による投資損益の性質が，文字どおり「投資に係る損益」であるためです。したがって，（持分法適用）関連会社の利益は，経常損益には反映されますが，営業損益には反映されません。

　一方，（連結）子会社が計上した利益は，その損益計算書が売上高段階から取り込まれるので，当然ながら営業損益に反映されます。つまり，極端なケースでは，保有割合1％の違いで，投資先の業績が営業損益に反映される・されないが変わってくるということです。

　特に，50：50の合弁会社（多くの場合，関連会社に該当）などが計上する利益は，事業運営上の感覚では，連結損益計算書上の営業損益に反映されるべき性質のものですが，実際には持分法による投資損益として営業外損益にしか反映されません。これはそのようなルールなので，仕方のないことなのですが，一方で自由度のある決算説明上は，持分法による投資損益（の一部）を営業損益に反映させるような見せ方をする場合もあります。

4．連結貸借対照表上の見え方

　連結財務諸表上のみ，関連会社の利益計上により投資勘定（関連会社株式）が増額されるため，連単差が生じます。

5．将来の財務数値への影響

　関連会社が稼得した利益を配当する場合について，**ケース100**をご参照ください。

ケース100	関連会社から配当を回収する

例えば：資金還流の一環として，関連会社から配当の支払いを受ける

1．概　要

(1)　個別財務諸表

　親会社（投資会社）が関連会社から利益の還流を受ける場合，配当がその主な手段になります。関連会社から回収した配当は，親会社の個別財務諸表上，「受取配当金」として営業外収益に計上されます。つまり，親会社の個別財務諸表上は，配当という形で関連会社の利益が取り込まれます。

(2)　連結財務諸表

　連結財務諸表上は，持分法（**ケース98**参照）が適用されるため，関連会社が利益を計上した時点で，すでにその利益に持分比率を乗じた分だけ，利益が取り込まれています。したがって，関連会社が配当した段階では，その原資となる利益は連結財務諸表に取込済みなので，連結財務諸表で新たに利益を認識することはありません。配当の受取りは，ちょうど出資の払戻しのように，過去に増額した「関連会社株式」を減額する形で行われます。

2．仕訳イメージ

　関連会社から100の配当を回収する場合の仕訳イメージは以下のとおりです。

【親会社（投資会社）個別財務諸表】				
（借）現金及び預金	100	（貸）受取配当金	100
【連結修正－持分法適用】				
（借）受取配当金	100	（貸）関連会社株式	100
【連結財務諸表】				
（借）現金及び預金	100	（貸）関連会社株式	100

3．連結損益計算書上の見え方

関連会社配当前			関連会社配当後			
【個別・連結財務諸表】		【親会社個別財務諸表】		【連結財務諸表】		
営業利益	0	営業利益	0	営業利益		0
営業外収益	0	営業外収益	100	営業外収益		0
		受取配当金	100			
営業外費用	0	営業外費用	0	営業外費用		0
経常利益	0	経常利益	100	経常利益		0

　上記のとおり，親会社（投資会社）の個別損益計算書上は，関連会社からの配当が営業外収益に反映されますが，連結損益計算書上はそれが消去されるため，影響はありません。これは，連結損益計算書上は，この配当金相当額がすでに持分法による投資損益として取り込まれて剰余金となっているものだからです。

　この点を確認するために，関連会社が利益を計上し，持分法による投資利益100を計上した期と同一の期に，同社から100の配当を受けたとすると，損益計算書は下記のとおりとなります。

関連会社利益計上前＋配当前			関連会社利益計上後＋配当後			
【個別・連結財務諸表】		【親会社個別財務諸表】		【連結財務諸表】		
営業利益	0	営業利益	0	営業利益		0
営業外収益	0	営業外収益	100	営業外収益		100
		受取配当金	100			
				持分法による投資利益		100
営業外費用	0	営業外費用	0	営業外費用		0
経常利益	0	経常利益	100	経常利益		100

　関連会社の利益は，親会社の個別損益計算書上は「受取配当金」として取り込まれ，連結損益計算書上は「持分法による投資利益」として取り込まれていることが確認できます。いずれも営業外収益なので，連単で見え方に大きな違いはありません。

4．連結貸借対照表上の見え方

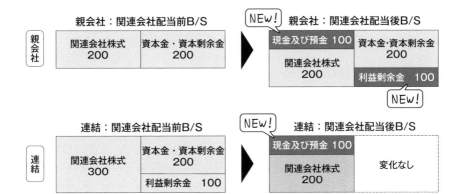

　連結貸借対照表上は，ちょうど投資（「関連会社株式」）の一部をキャッシュで回収したような見え方になります。関連会社株式の帳簿価額については，関連会社の利益計上で連単差が生じることになりますが（**ケース99**参照），配当により連結財務諸表上の帳簿価額のみが減額されるため（親会社の個別財務諸表上は影響なし），連単差が消滅することになります。

【著者紹介】

佐和　周（さわ　あまね）

公認会計士，税理士
佐和公認会計士事務所　代表
関西学院大学非常勤講師

1999年，東京大学経済学部を卒業，同年朝日監査法人（現 有限責任 あずさ監査法人）に入所。日系グローバル企業や外資系企業の監査のほか，財務デュー・デリジェンス業務や企業価値評価業務等に従事。2008年，英国ケンブリッジ大学経営大学院（Cambridge Judge Business School）首席修了（MBA）。

2009年，KPMG税理士法人に転籍。日系グローバル企業や外資系企業の税務申告のほか，国内・海外税務デュー・デリジェンス業務や国際税務に係るアドバイザリー業務等に従事。

2011年，佐和公認会計士事務所を開設。会計・税務・財務の面から，日本企業の海外進出や海外事業の管理をサポートしている。

【主な著書】

『貸借対照表だけで会社の中身が8割わかる』
『海外進出・展開・撤退の会計・税務Q&A』
『海外進出企業の資金・為替管理Q&A：調達から投資・回収・還元まで』
『これだけは押さえておこう 海外取引の経理実務ケース50』
『これだけは押さえておこう 国際税務のよくあるケース50』
『英和・和英　海外取引で使える会計・税務用語辞典』（以上，中央経済社）など
その他，旬刊『経理情報』，月刊『国際税務』，週刊『税務通信』など，雑誌への寄稿も多数。

この取引でB/S・P/Lはどう動く？
財務数値への影響がわかるケース100

2020年2月15日　第1版第1刷発行	
2023年12月15日　第1版第10刷発行	

著　者　佐　和　　　周
発行者　山　本　　　継
発行所　㈱中央経済社
発売元　㈱中央経済グループ
　　　　パブリッシング

〒101-0051　東京都千代田区神田神保町1-35
電話　03(3293)3371(編集代表)
　　　03(3293)3381(営業代表)
https://www.chuokeizai.co.jp
印刷／㈱堀内印刷所
製本／誠　製　本　㈱

© 2020
Printed in Japan